Werbung gegen Müll

Handbuch
für gutes Umweltmarketing

1. Auflage 1993
© A4 Verlag GmbH
Rüttenscheider Straße 137
4300 Essen 1
Alle Rechte vorbehalten
Redaktion: Olaf Eybe,
Frank Schulte-Bockholt
Satz und Grafik:
Heidelbach, Sawatzki & Partner, Essen
Titel: Dieter Sawatzki
Druck: Walter-Druck, Oberhausen

Die Verwendung des Bildmaterials
erfolgte mit freundlicher Genehmigung
der Kommunen.

ISBN 3-928035-05-3

Inhaltsverzeichnis

Vorwort des Herausgebers	9
Einleitung	11
Zur Situation der Abfallberatung	13
Umweltberatung ist Kommunikation	26
Gebrauchsanweisung für Werbeagenturen	39
Werbung - Ja, bitte	48
■ Die Verbesserung der Werbemittel	48
■ Die Optik	53
■ Die Aufnahme	71
■ Das Verständnis	83
■ Das Erinnern	89
■ Die Einstellungsveränderung	97
Kleiner Werbemitteltest	101
Lexikon der Werbesprache	113
Mittel der externen und internen Kommunikation	121
Auszüge aus den Abfallgesetzen einzelner Bundesländer zur Abfallberatung	125
Adressenverzeichnis	128

Die Autoren

Dr. soc. Hans-Peter Obladen
Wissenschaftlicher Angestellter an der Universität Bielefeld; er bietet im Rahmen des Weiterbildenden Studiums Umweltwissenschaften insbesondere zu den Methoden der Umwelt- und Abfallberatung Lehrveranstaltungen und Projekte an. Mehrere Forschungsvorhaben zur Professionalisierung der Umweltberatung befaßten sich ausführlich mit Öffentlichkeitsarbeit im Umweltschutz.

Dieter Sawatzki
Designer und Illustrator, Geschäftsführer der Werbeagentur Heidelbach, Sawatzki & Partner. Verantwortlich für die Entwicklung und Realisierung von Marketing-Konzepten.

Werner Meys
Geschäftsführer des Zentrums für die Aus- und Fortbildung in der Wasser- und Abfallwirtschaft (ZAWA) in Essen-Heidhausen; verantwortlich für die konzeptionelle Entwicklung und Begleitung auch von Fortbildungsangeboten für Abfallberaterinnen und Abfallberater.

Thomas Heidelbach
Seit 1982 Geschäftsführer der Werbeagentur Heidelbach, Sawatzki & Partner in Essen. Schwerpunkt der Agentur ist Werbung für Dienstleistungsunternehmen und Social Marketing. Im Bereich Umwelt-Marketing wurden in den letzten Jahren immer stärker Aufgaben übernommen.

Vorwort des Herausgebers

Abfallberatung mit dem Ziel der weitestgehenden Vermeidung von Abfällen hat immer etwas mit der Veränderung des Bewußtseins und des Verhaltens zu tun.

Dabei sind Marketing-Strategien und Öffentlichkeitsarbeit wesentliche Voraussetzungen für das Gelingen dieser Veränderungen in Bewußtsein und Verhalten.
Das vom Verband Kommunale Abfallwirtschaft und Stadtreinigung e.V. (VKS) jetzt herausgegebene Arbeitsbuch soll Abfallberaterinnen und Abfallberatern helfen, erste Ansätze für eine professionelle Öffentlichkeitsarbeit zu entwickeln.

Es soll nicht eigenständige Entwicklungen hemmen, sondern Ratschläge und Tips für das konkrete Vorgehen geben.

Die Idee zu diesem Arbeitsbuch ist entstanden aus der Auswertung einer Befragung der VKS-Mitglieder im Jahre 1992, die gemeinsam mit der Kontaktstelle wissenschaftliche Weiterbildung der Universität Bielefeld und dem Zentrum für die Aus- und Fortbildung in der Wasser- und Abfallwirtschaft (ZAWA) in Essen durchgeführt wurde.

Neben den ausgefüllten Fragebögen erhielten wir viele Beispiele für Plakate, Handzettel, Aufkleber und andere Werbemittel, die nun teilweise in diesem Arbeitsbuch als Muster verwendet werden.

Natürlich können diese Beispiele nicht immer den Ansprüchen von Professionalität genügen. Sie dokumentieren aber, auch wenn sie im nachfolgenden teilweise der Kritik unterzogen werden, die Phantasie und Kreativität der Mitglieder des VKS bei der Bewältigung der Aufgaben in der Abfallberatung.

Mit Herausgabe des Buches verbinden wir eine weitere Hoffnung: Es wäre dringend notwendig, die Öffentlichkeitsarbeit in der Abfallberatung in der gesamten Bundesrepublik im Sinne einer möglichst breiten Kooperation, eventuell auch mit einem einheitlichen Signet und Logo, zu präsentieren.

Damit wäre nicht nur eine erhöhte Aufmerksamkeit gewährleistet, sondern auch immer der Hinweis an die Bürger und Bürgerinnen:

Achtung, aufpassen, es folgen Tips und Anregungen zur Abfallvermeidung, die uns alle angehen!

Zum Schluß möchten wir uns noch bei den Autoren bedanken: Thomas Heidelbach, Dieter Sawatzki, Werner Meys und Hans-Peter Obladen bringen nicht nur ihre Erfahrungen in der Öffentlichkeitsarbeit, sondern auch in der Fortbildung von Abfallberaterinnen und Abfallberatern ein.

Wir hoffen, daß unser Arbeitsbuch Ihnen zum täglichen „Arbeitsgerät" wird.

Verband Kommunale Abfallwirtschaft und Stadtreinigung e. V. Köln

Einleitung

Die Situation der Abfallberatung kennen die meisten Leser dieses Buches aus ihrem eigenen Arbeitsalltag. Mit Hilfe des Beitrags von Hans-Peter Obladen, Universität Bielefeld (ab Seite 12), gewinnt man einen Gesamtüberblick über ein junges Arbeitsfeld mit ungeheuren Zukunftsaufgaben.

Diese können nur gelöst werden, wenn der Prozeß der Professionalisierung der Abfallberatung fortgesetzt wird. Abfall- oder, allgemeiner, Umweltberatung, muß als Kommunikation begriffen werden und sich der Methoden des Marketing bedienen, um stärker ins Bewußtsein der Öffentlichkeit zu dringen. Besser noch: um es mitzugestalten.

Für viele Bereiche der Kommunikation gibt es Spezialisten, so auch für die Werbung. Der Beitrag „Gebrauchsanweisung für Werbeagenturen" zeigt, wie die Partner im Dienst der Kommunikation arbeiten und wie man ihre Hilfe in der Praxis nutzt. Aber trotz aller Unterstützung sollte man sich im Kommunikationsdschungel auch ohne Scouts bewegen können.

Zumindest im visuellen Bereich verhilft das Kapitel „Werbung – Ja, bitte" zur eigenständigen Orientierung. Eine sinnvolle Ergänzung dazu ist das „Lexikon der Werbesprache".

Die Situation für Werbemittel aller Art ist in den letzten Jahren schwieriger geworden. Mit den Folgen der Informationsüberflutung hat sich auch die Nicht-Kommerzielle-Werbung (Non-Profit-Werbung) auseinanderzusetzen. Um wahrgenommen zu werden, müssen Werbemittel optimal gestaltet sein. Zahlreiche Abbildungen aus dem Arbeitsalltag der AbfallberaterInnen verdeutlichen die Kriterien, auf die es beim Einsatz von Printmedien ankommt. Alle verwendeten Beispiele stammen aus einer Befragung von 439 Gemeinden, Städten, Kreisen und Verbänden des VKS, des ZAWA und der Universität Bielefeld. Das zeigt, wie viele über den Autorenkreis hinaus an diesem Buch mitgewirkt haben. Die Anmerkungen und Anregungen erheben keinen Anspruch auf Objektivität. Im „Kleinen Werbemitteltest" ist jeder selbst eingeladen, Werbemittel kritisch zu überprüfen und mit anderen zu vergleichen.

Es bleibt abzuwarten, wohin der Weg der Abfallberatung geht. Wenn dieses Buch einen kleinen Beitrag zur Professionalisierung und zur Orientierung leisten kann, dann ist schon viel gewonnen.

Zur Situation der Abfallberatung

Im Sommer 1991 wurden 439 bundesdeutsche Gemeinden, Städte, kreisfreie Städte, Kreise und Verbände – alle Mitglieder im VKS – zur Teilnahme an einer Befragung aufgerufen.

Veranstalter der Befragung waren gemeinsam der VKS, das ZAWA und die Kontaktstelle Wissenschaftliche Weiterbildung der Universität Bielefeld. Da zu diesem Zeitpunkt erst 14 Gebietskörperschaften aus den neuen Bundesländern Mitglied im VKS waren, sind die Ergebnisse nur für die alten Bundesländer auswertbar.

Bis Ende Juli hatten insgesamt 271 Einrichtungen geantwortet. Dies entspricht einem Rücklauf von 61,7%. Der Rücklauf war ausreichend, um einen ersten empirischen Situationsbericht der Abfallberatung zu erstellen. Beim Rücklauf war auffallend, daß sehr viele Kreise und kreisfreie Städte, jedoch vergleichsweise wenig Städte und Gemeinden geantwortet haben. Dies ist vermutlich darauf zurückzuführen, daß die Abfallberatung vielfach als eine Aufgabe der Kreise angesehen wird. Dabei spielen auch rechtliche Fragen eine Rolle.

Die wichtigsten Ergebnisse der Erhebung werden im folgenden in sechs Thesen zusammengefaßt.

1. Die Abfallberatung zählt mittlerweile zu den anerkannten, aber in personeller Hinsicht noch nicht zu den etablierten Bereichen der Entsorgung.

In 97% der Kreise und kreisfreien Städte, in 84% der Zweckverbände und in 74% der kreisangehörigen Städte finden Maßnahmen der Abfallberatung statt (vgl. Bild 1). Diese Wer-

Bild 1:
Führen Sie im Bereich der Vermeidung und Entsorgung von Abfällen Maßnahmen der Abfallbeseitigung durch? (Ja-Antworten)

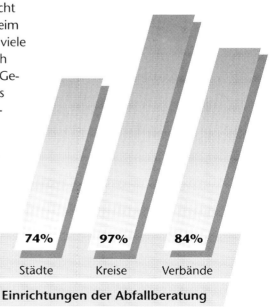

Einrichtungen der Abfallberatung

te beziehen sich auf die alten Bundesländer. In den neuen Bundesländern entwickelt sich die Abfallberatung ebenfalls, aber es lag 1991 noch nicht genügend auswertbares Material vor. Diese Zahlen erwecken auf den ersten Blick den Eindruck eines flächendeckenden Beratungsangebotes. Angesichts der personellen Situation relativiert sich jedoch dieser Eindruck. Die dünne Personaldecke verhindert vielfach den Aufbau einer flächendeckenden und insbesondere auch systematischen Beratungsstruktur.

In nur etwa zwei Dritteln der Kreise und Verbände sind Mitarbeiterinnen und Mitarbeiter ausschließlich mit Aufgaben der Abfallberatung befaßt (vgl. Bild 2). Bei den kreisangehörigen Städten trifft dies sogar nur bei einem Drittel zu. Für viele Beratungskräfte ist die Abfallberatung nur ein Teil ihrer beruflichen Aufgaben.

Dies spiegelt sich auch in der Anzahl der beschäftigten Beraterinnen und Berater wider (vgl. Bild 3). Die Einrichtungen, in denen Mitarbeiter ausschließlich Beratungsaufgaben wahrnehmen, wurde in einer Ergänzungsfrage nach der Anzahl dieser Mitarbeiter befragt. In 75% der Städte ist nur eine Kraft angestellt. Kreise und Zweckverbände beschäftigen in der Regel zwei oder mehr Abfallberaterinnen und -berater. Insgesamt wurde im Rahmen dieser Erhebung eine Gesamtzahl von rund 300 Beraterinnen und Beratern festgestellt. Da in einigen Fragebögen auf laufende Einstellungsvorha-

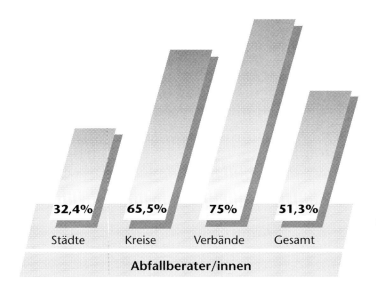

Bild 2:
Gibt es Mitarbeiter, die ausschließlich mit Aufgaben der Öffentlichkeitsarbeit / Abfallberatung befaßt sind?
(Ja-Antworten)

ben hingewiesen wurde, ist diese Zahl als untere Grenze zu verstehen. Die institutionelle Situation der Abfallberatung wird weitgehend als unbefriedigend empfunden. Es wird über mangelnde Kapazitäten und fehlende Sachausstattung berichtet. So ist bei 64% der befragten Einrichtungen die Sachausstattung (Büro, Sachmittel, Sekretariat, Budgets) nicht ausreichend.

läßt auf Unsicherheiten und notwendige Verständigungsprozesse schließen. Dennoch sehen die Entsorgungseinrichtungen in der Abfallberatung eine Aufgabe der öffentlichen Verwaltungen. Das Statement „Die Vergabe der Abfallberatung an ein privates Entsorgungsunternehmen oder an eine Agentur kann u.U. eine effektivere und angemessenere Lösung darstellen" wur-

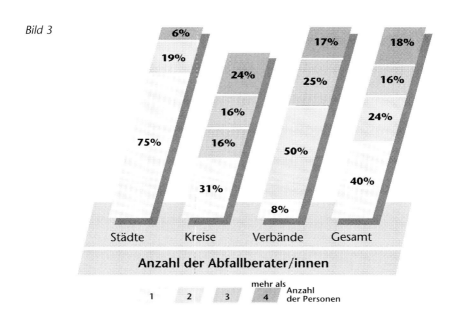

Bild 3

Anzahl der Abfallberater/innen

1 2 3 mehr als 4 Anzahl der Personen

Offenbar existieren auch Unklarheiten über die Abfallberatung selbst. Be-denklich sind die Aussagen darüber, ob die Ziele und Aufgaben der Abfallberatung eindeutig und allen Beteiligten bewußt seien. Probleme sehen hier 57%, die dieser Aussage nicht zustimmen konnten. Dieser Wert de von 76% der befragten Einrichtungen entschieden abgelehnt. In Beratungstheorien wird stets hervorgehoben, daß die Beratungsinhalte glaubwürdig und neutral sein müßten. Diese Bedingungen scheinen in einer öffentlich-rechtlichen Organisationsform am ehesten realisierbar zu sein.

2. Inhaltlich orientiert sich die Abfallberatung an den Hauptaufgaben der jeweiligen Einrichtung.

Die Aufgabenbereiche lassen sich in einer Rangfolge darstellen (vgl. Bild 4). Die Verwertung von Wertstoffen und die Vermeidung von Abfällen sind fast gleichgewichtig die Hauptaufgaben der Abfallberatung. Angesichts der bekannten Probleme in der Entsorgung – Entsorgungsengpässe oder sogar -notstände, die stark wachsende Anzahl rechtlicher Bestimmungen, vielfach fehlende Angebote für umweltverträgliches Handeln bei einem insgesamt steigenden Umweltbewußtsein der Bürger, um nur einige zu nennen – ist diese Orientierung verständlich. Die Bewältigung des Müllproblems mit Hilfe der Abfallvermeidung und der Verwertung sind deshalb die vordringlicheren Ziele der Abfallberatung.

Die inhaltlichen Ziele entsprechen der Adressatenstruktur der Abfallberatung (vgl. Bild 5). Private Haushalte, Schulen und Organisationen werden von über 90% der Einrichtungen angesprochen.

Der Bürger steht somit im Mittelpunkt der Aktivitäten. Der starke Anteil der Schulen und Organisationen deutet darauf hin, daß Wege gesucht werden, die zur Verbreitung von Müllvermeidungsideen führen. Die abfall-

Bild 4:
Bildung einer Rangfolge im wichtigsten und und unwichtigsten Bereich

Bild 5

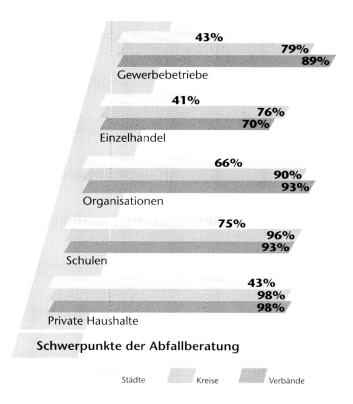

Schwerpunkte der Abfallberatung

Städte — Kreise — Verbände

produzierende Zeit im großen Stil haben Kinder zwar noch vor sich. Doch thematisieren sie, und dies ist der strategische Ansatzpunkt, das Erfahrene in den Familien und sorgen somit für gewünschte Aktivitäten. Ebenso wendet man sich an Organisationen, damit die Vereine, Verbände, Parteien, Interessengemeinschaften als Wegbereiter und Transporteure der Inhalte der Abfallberatung gewonnen werden.

Bei den Zielgruppen im Gewerbe und im Einzelhandel sind zwischen den Bundesländern starke Unterschiede festzustellen. Die Stadtstaaten Bremen und Hamburg gaben an, daß die Abfallberatung sich nicht an das Gewerbe wendet. Im Saarland wurde ein Wert von 40% und in NRW von 60% festgestellt. Werte über 80% kamen in Schleswig-Holstein, Niedersachsen und Rheinland-Pfalz zustande. Dies ist wahrscheinlich auf unterschiedliche landesrechtliche Bestimmungen zurückzuführen. In manchen Ländern unterliegt die Gewerbeabfallberatung besonderen Bedingungen und liegt in der Zuständigkeit der Kreise. Dies erklärt den relativ geringen Umfang der Aktivitäten der Städte in diesen Bereichen.

3. Die Abfallberatung versteht sich selbst als eine Spezialform der Umweltberatung.

Eines der wichtigsten Ergebnisse der Untersuchung ist die Identifikation der Abfallberatung mit der Umweltberatung (vgl. Bild 6). 62% der Einrichtungen sehen die Abfallberatung als eine Spezialform der Umweltberatung an. Weitere 30% stimmen dieser Aussage tendenziell zu. Diese fast uneingeschränkte Zustimmung ist in mehrfacher Hinsicht bemerkenswert.

In bildungs- und berufspolitischer Hinsicht erscheint es nach diesem Votum aus der Praxis überlegenswert, ob Initiativen zu einem Berufsbild Umweltberater erforderlich sind. Denkbar wäre eine Grundbildung mit der Möglichkeit der Spezialisierung zum Abfallberater, zum Wasserberater, zum Wohnumfeldberater, zum betrieblichen Umweltreferenten, zum Umwelterzieher etc. Klärungsbedarf im Hinblick auf die Entwicklung eines Berufsbildes erscheint den Antworten zufolge zumindest aus der Sicht der Abfallberatung gegeben zu sein. Auch wird deutlich, daß es Bedarf zur Präzisierung der Ziele, Aufgaben und Inhalte der Abfallberatung gibt.

Zweitens macht es bei diesem Selbstverständnis Sinn, sich verbandlich zu engagieren. Hier sind neben dem VKS als fachlichem Verband, die Bundes- und die Landesverbände der

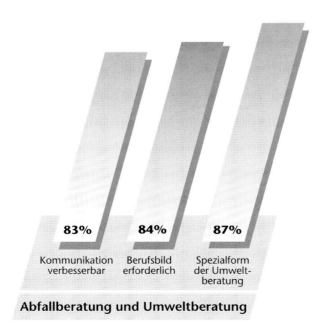

Bild 6

Bild 7

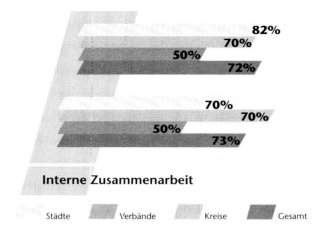

Umweltberaterinnen und -berater zu nennen. Der überregionale Erfahrungsaustausch und die Organisierung der Interessen sollten intensiviert werden. So fand auch die Aussage „Der Erfahrungsaustausch und die Kommunikation über die Kommune/den Kreis hinaus muß dringend verbessert werden" große Zustimmung. Die überregionalen Modellversuche zur Umweltberatung haben mit dazu beigetragen, daß ein inhaltlicher und konzeptioneller Austausch über die Stadt- bzw. Kreisgrenzen hinaus entstehen konnte. Auch für die Abfallberatung wären von Modellversuchen wichtige Impulse zu erwarten.

Drittens zeigt sich die Anlehnung der Abfallberatung an der Umweltberatung auch in den verwaltungsinternen Kooperationen. In etwa dreiviertel aller Einrichtungen finden Abstimmungen sowohl mit dem Umweltamt als auch mit dem Presseamt statt (vgl. Bild 7). Die geringeren Werte bei den Zweckverbänden sind auf deren spezifische Organisationsstrukturen zurückzuführen.

Erfreulich ist dieses Ergebnis auch, weil gelegentlich von Konflikten über Zuständigkeiten insbesondere mit dem Umweltamt zu hören ist. Den Antworten zufolge ist dies bei etwa zwei Dritteln der Einrichtungen nicht der Fall.

4. Die Abfallberatung steht erst am Anfang ihrer Professionalisierung.

Ebenso wie sich das Instrumentarium der Umweltberatung als entwicklungsfähig zeigt, ist bei den Methoden der ein Unbehagen feststellbar. Der Aussage „Die Abfallberatung steht methodisch noch am Anfang" stimmten 36% voll und ganz und 43% teilweise zu, also in der Summe mehr als drei Viertel der Befragten (vgl. Bild 8).

Daß sich die Abfallberatung noch in ihrer Entwicklungsphase befindet, geht auch daraus hervor, daß in 81% der Einrichtungen noch keine Revision der Beratungsgrundlagen vorgenommen wurde.

Diese sehr deutlichen Sachverhalte werden durch weitere Ergebnisse untermauert. Die Entsorgungsbetriebe beklagen das Fehlen wissenschaftlicher Konzepte für die Abfallberatung. Tat-sächlich ist bis heute kein nach wissenschaftlichen Methoden entwickeltes „Handbuch der Methoden der Abfallberatung" erschienen.

Das liegt natürlich auch an Problemen in der Kommunikation zwischen Lehre und Forschung auf der einen Seite und der beruflichen Praxis auf der anderen Seite. Neben anderen wichtigen Faktoren ist dies auf eine mangelnde Förderung durch den Bund und die Länder zurückzuführen. Zwar sehen durchaus einige Ministerien den Handlungsbedarf. Die Lage der Haushalte und die chronischen Interventionen der Finanzminister erlauben z.Z. jedoch, von wenigen Ausnahmen abgesehen, keine engagierten Projekte.

Eine Ausnahme ist das Projekt LUKS, von dem Effekte für die Abfallberatung zu erwarten sind. Gemeinsam haben die Städte Essen, Münster, Mönchengladbach und Gelsenkirchen, die Katalyse e.V. in Köln, der BUND NRW, der Einzelhandelsverband Südwestfalen, die Verbraucher-Zentrale NRW, das Umweltzentrum der Handwerkskammer Düsseldorf in Oberhausen und Universität Bielefeld eine Konzeption für ein landesweites Um-

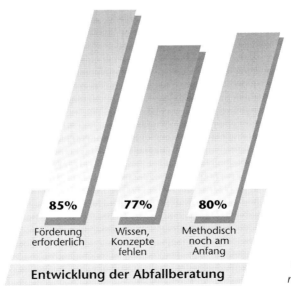

Bild 8: „Die Abfallberatung steht methodisch noch am Anfang"

weltberatungs-Kommunikationssystem (LUKS) mit dem Schwerpunkt Abfall entwickelt. Mit dem Aufbau von LUKS sollen folgende Ziele erreicht werden:

■ Der Umwelt- und Abfallberatung sollen mehr Informationen zur Verfügung gestellt werden. Es müssen wissenschaftliche, rechtliche und technische Hintergrundinformationen verfügbar gemacht werden. Recherchen in wissenschaftlichen Online-Datenbanken sollen bei Bedarf den eigenen Informationsstand ergänzen. Schließlich werden praxisorientierte Informationen benötigt wie Adressen, Beratungs-Tips und sonstige Materialien für den Beratungsalltag.

■ Die Umwelt- und Abfallberatung soll qualifizierter und effektiver gestaltet werden. Hierfür bedarf es der Erarbeitung und Definition von Qualitätsstandards. Die Beratungsmethodik muß insbesondere im Hinblick auf die Beschaffung, Verarbeitung und Vermittlung von Informationen weiterentwickelt werden.

Die Umsetzung dieser Ziele setzt voraus, daß für die Umwelt- und Abfallberatung eine Kooperations- und Kommunikationsstruktur entwickelt und aufgebaut wird. Dies beinhaltet die Gründung einer zentralen Dienstleistungseinrichtung zunächst an der Universität Bielefeld. Diese Informationszentrale soll Kontakte und Arbeitszusammenhänge zwischen Umwelt- und Abfallberatern sowie wissenschaftlichen Einrichtungen vermitteln und zur Verbesserung der Kommunikation und Kooperation beitragen.

5. Die Abfallberatung setzt hauptsächlich schriftliche Informationsmaterialien ein, die sich für eine breite Streuung eignen. Kommunikative Methoden und eine Auswahl aktionsorientierter Instrumente vervollständigen den Methodenmix.

Sehr viele Entsorgungseinrichtungen haben die Befragung unterstützt, indem sie die Materialien ihrer Öffentlichkeitsarbeit zur Verfügung stellten. Die eingegangenen Materialien wurden klassifiziert und aufgelistet. Die Sammlung dieser Materialien floß in das neue Fortbildungsprogramm des ZAWA zur Abfallberatung ein. Das vorliegende Buch ist eine Vorstufe zur intensiveren Auswertung der Materialien, die zu einer methodischen Verfeinerung der Öffentlichkeitsarbeit führen könnte.

Eine Posterausstellung mit 60 Plakaten der kommunalen Entsorgung stellt bereits ein erstes nutzbares Ergebnis dar. Beim ZAWA kann diese Wanderausstellung entliehen werden.

In der Praxis der Abfallberatung werden bislang viele verschiedene Instrumente eingesetzt. Es dominieren dabei schriftliche Medien, die für eine breite Streuung konzipiert sind (vgl. Bild 9).

Bei den schriftlichen Instrumenten ist feststellbar, je spezifischer ein Instrument auf eine bestimmte Adressatengruppe ausgerichtet wird, desto geringer der Einsatz ist.

In einem ähnlich starken Umfang werden kommunikative Methoden eingesetzt. Die Kreise sind hier gegenüber den Städten deutlich aktiver. Eine persönliche Abfallberatung findet in 95% der Kreise statt. In 86% werden ein Bürgertelefon und in 94% Vortragsveranstaltungen angeboten.

Bei den aktionsorientierten und sonstigen breitenwirksamen Instrumenten ist erneut die enge Anlehnung an die Umweltberatung feststellbar. In Städten und Kreisen finden jeweils zu 68% Aktionen zum Tag der Umwelt statt.

Auch Infostände, die von den Kreisen sogar zu 79% durchgeführt werden und Deponie- bzw. MVA-Besichtigungen, die von den Kreisen zu 86% angeboten werden, gehören zu den Instrumenten.

6. Bei steigenden finanziellen Möglichkeiten stehen für Planungszwecke zwar abfallwirtschaftliche Analysen, aber nur selten Zielgruppen- und andere Analysen des Social Marketings zur Verfügung.

Die Weiterentwicklung der Abfallberatung und ihre Perspektiven hängen sehr stark von verschiedenen Rahmenbedingungen ab. Erwähnt

Bild 9a

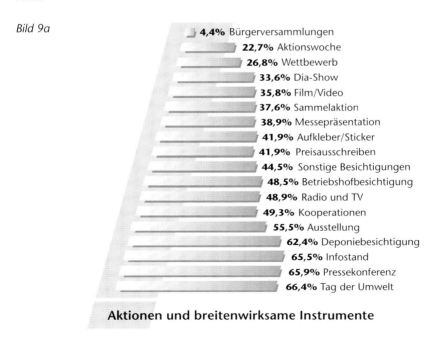

Aktionen und breitenwirksame Instrumente

- 4,4% Bürgerversammlungen
- 22,7% Aktionswoche
- 26,8% Wettbewerb
- 33,6% Dia-Show
- 35,8% Film/Video
- 37,6% Sammelaktion
- 38,9% Messepräsentation
- 41,9% Aufkleber/Sticker
- 41,9% Preisausschreiben
- 44,5% Sonstige Besichtigungen
- 48,5% Betriebshofbesichtigung
- 48,9% Radio und TV
- 49,3% Kooperationen
- 55,5% Ausstellung
- 62,4% Deponiebesichtigung
- 65,5% Infostand
- 65,9% Pressekonferenz
- 66,4% Tag der Umwelt

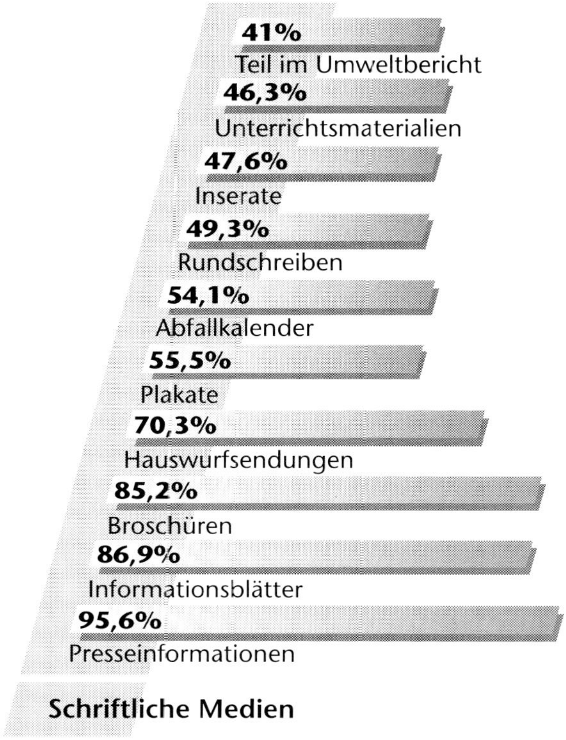

41% Teil im Umweltbericht
46,3% Unterrichtsmaterialien
47,6% Inserate
49,3% Rundschreiben
54,1% Abfallkalender
55,5% Plakate
70,3% Hauswurfsendungen
85,2% Broschüren
86,9% Informationsblätter
95,6% Presseinformationen

Schriftliche Medien

Bild 9b

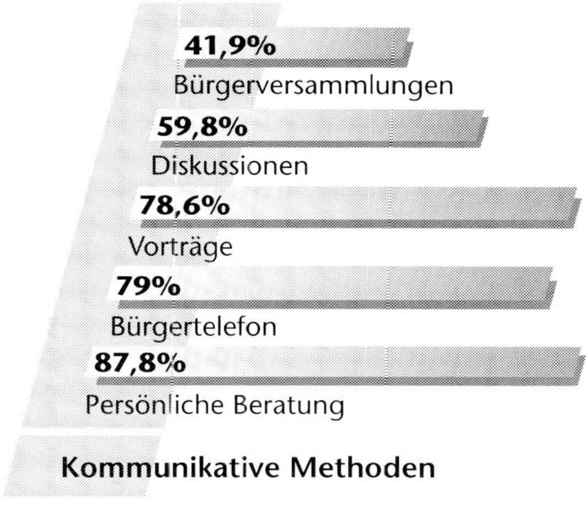

41,9% Bürgerversammlungen
59,8% Diskussionen
78,6% Vorträge
79% Bürgertelefon
87,8% Persönliche Beratung

Kommunikative Methoden

Bild 9c

wurden bereits die unzureichende materielle und ideelle Förderung sowie das Fehlen wissenschaftlicher Konzepte.

Darüber hinaus erscheint eine institutionelle Kooperation der Entsorgungsbetriebe auch in der Abfallberatung sinnvoll. Plakate, allgemein informierende Informationsblätter und Broschüren sowie Aktionen könnten nach einem einheitlichen System realisiert werden. Die Möglichkeiten der Corporate Identity und des Corporate Designs in der Abfallberatung, das heißt, die Verständigung auf ein Programm, auf eine Symbolik mit einem hohen Wiedererkennungswert und sicherlich auch mit Rationalisierungseffekten, wurden bislang nicht hinreichend verfolgt.

Hierzu einige Daten: In etwa der Hälfte der Entsorgungseinrichtungen liegen schriftliche Konzeptionen vor, die eine Grundlage für die Abfallberatung darstellen können (vgl. Bild 10). Auch hier ist feststellbar, daß in den Kreisen und kreisfreien Städten die meiste Vorarbeit geleistet wurde.

Bei den 149 Einrichtungen, in denen schriftliche Konzeptionen vorliegen, sind abfallwirtschaftliche Analysen am stärksten verbreitet (vgl. Bild 11). Diese Analysen wurden aus abfallwirtschaftlichen Planungen heraus erstellt und können sekundär für die

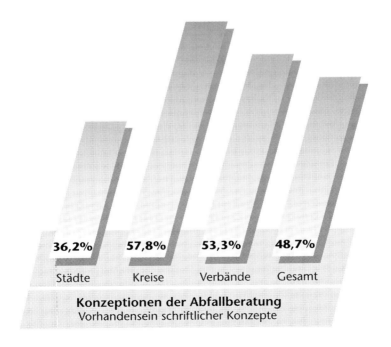

Bild 10

Bild 11

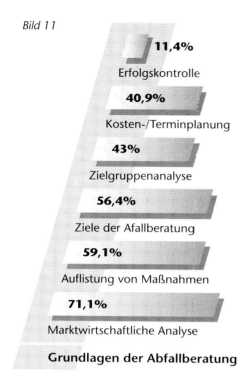

Grundlagen der Abfallberatung

- 11,4% Erfolgskontrolle
- 40,9% Kosten-/Terminplanung
- 43% Zielgruppenanalyse
- 56,4% Ziele der Afallberatung
- 59,1% Auflistung von Maßnahmen
- 71,1% Marktwirtschaftliche Analyse

Abfallberatung genutzt werden. Eine zweite Gruppe von Darstellungen, eine Auflistung von Maßnahmen und eine Beschreibung der Ziele wurde in der Regel von den Abfallberaterinnen und -beratern verfaßt. Es handelt sich hierbei um Dokumente für den politischen Bereich oder für die Verwaltung mit legitimatorischen Charakter.

Arbeiten, die auf eine systematische Planung der Abfallberatung zielen, sind am wenigsten vertreten. Eine Zielgruppenanalyse, eine Kosten- und Terminplanung und letztlich auch eine Erfolgskontrolle sind jedoch Herzstücke für eine flexible und innovative Abfallberatung. Auf der einen Seite werden sicherlich die abfallwirtschaftlichen Daten benötigt. Auf der anderen Seite sind aber Informationen über die Adressaten, über deren Bedürfnisse und deren Erreichbarkeit erforderlich.

Ferner bedarf es einer Einschätzung über die Wirkung der unterschiedlichen Instrumente. Nur so ist begründbar, welcher Instrumentenmix zu welcher Zeit für welche Adressaten eingesetzt wird. Nur so lassen sich die Erfahrungen bewerten, damit die nächste Kampagne die erreichten Erfolge vertieft und erweitert.

Kampagnen zur Abfallvermeidung kosten Geld. Daß finanzielle Anstrengungen erforderlich sind, wird von den Entsorgungseinrichtungen gesehen. In der Erhebung wurde deutlich, daß sich die Abfallberatung auf einem Expansionskurs befindet, der sich auch in den Haushalten niederschlägt. Zwischen 1989 und 1990 kam es nahezu zu einer Verdopplung der verfügbaren Mittel und der Ausgaben (vgl. Bild 12). Dieser Trend wird sich mit dieser Steigerung in den nächsten Jahren vermutlich so nicht fortsetzen lassen. Dennoch sind auch künftig im Bereich der Öffentlichkeitsarbeit erhebliche Etatsteigerungen erforderlich.

1990 gaben die Entsorgungsbetriebe, wenn sie einen Etat zur Verfügung hatten, für Öffentlichkeitsarbeit durchschnittlich 143.000,- DM aus. Die Ausgaben blieben in allen Jahren hinter den Ansätzen zurück, denn ver-

Bild 12

Haushaltsmittel der Abfallberatung

Durchschnittlich verwendete Mittel

Verwendete Mittel   Verfügbare Mittel

fügbar waren im Jahre 1990 durchschnittlich 161.000,- DM. Bei diesen Zahlen ist die immense Spannbreite von Beträgen von unter 10.000,- DM bis weit über 1 Million DM zu beachten. In der Summe kommt ein beachtlicher Betrag zustande. Für die Idee der Abfallvermeidung ist also schon heute von der finanziellen Seite durchaus ein Potential vorhanden. Es muß nur effektiv und professionell genutzt werden.

Umweltberatung ist Kommunikation

Verhaltensweisen im Hinblick auf den Umweltschutz lassen sich nur schwer verändern. Unterschiedliche fördernde, aber auch hemmende Faktoren können den Änderungsverlauf bestimmen. Darum muß die Kommunikation mit den Adressaten einer systematisierten Planung unterzogen werden.

Die Entwicklung eines erfolgversprechenden Kommunikationsprozesses setzt eine methodische Herangehensweise voraus. Die Methodik kann dem wirtschaftlichen und dem öffentlichen Marketing entlehnt werden.

Zwar erfährt der Marketing-Begriff zur Zeit eine Inflation. Er reiht sich in ein Sprachgewirr: „Corporate Identity, Freizeitmarkt, Imagefaktor Kultur, Industriekultur, Kulturmarketing, Kulturmanagement, Kultursponsoring, Kulturfaktor Wirtschaft, Unternehmenskultur, Verwaltungskultur, Verwaltungsmanagement, Wirtschaftsfaktor Kultur". Marketing ist jedoch im Vergleich zu den aufgeführten Begriffen der umfassendste, weil er sowohl die Aspekte der Ansprache von externen Adressaten als auch die Aspekte der eigenen Institution einbezieht.

Marketing muß als sozialer Prozeß verstanden werden, bei dem Personen, Gruppen oder Organisationen mit Transaktionen und Austausch von Ressourcen beschäftigt sind. Es hebt den sozialen Charakter von Marktprozessen hervor, betont die Transaktion als wesentliches Merkmal des Marktgeschehens und schließt Individuen, Gruppen oder Organisationen nicht aus. Dieser Ansatz hat zur Konsequenz, daß weniger dem Verhalten einzelner Beteiligter besondere Aufmerksamkeit zu widmen ist als vielmehr den Interaktionen zwischen den Beteiligten unter Berücksichtigung der sozialen Aktivitäten der am Rande Beteiligten (Familie, Entscheidungsträger, usw.).

Marketing ist aus der Sicht einer Institution erforderlich, um eine Unverwechselbarkeit zu erreichen, mit der wiederum weitere Vorteile wie eine Erhöhung der Identifikation verbunden sind.

Vor diesem Hintergrund ist Marketing eine komplexe Handlungsanweisung für eine im wirtschaftlichen Wettbewerb entwickelte integrierte Managementkonzeption, nach der Unternehmen nur dann auf Dauer erfolgreich sein können, wenn sie marktorientiert geführt werden. Kommunales Marketing wird dann beispielsweise zu einer bewußten Dienstleistungsorientierung aller Verwaltungs-bereiche, zu bürger- und wirtschaftsfreundlichem Verwaltungshandeln. Da Marketingkonzepte auf eine Modernisierung nicht nur externer, sondern auch interner Kommunikationsbeziehungen abziehen, wird die übergreifende Kooperation zwischen den Verwaltungsbereichen und Ämtern zur Erfolgsbedingung (Marketing nach innen).

Der Begriff des Öffentlichen Marketing (auch „Social Marketing") beinhaltet den Entwurf, die Ausführung und Kontrolle von Programmen, die die Bereitschaft, soziale Ideen anzunehmen, beeinflussen sollen. Als Ziele des Social Marketing sind anzuführen:

■ Das Angebot der Institution wird besser auf die Bedürfnisse der Adressaten abgestimmt (Wirkung nach innen)
■ Das Angebot läßt sich besser vermitteln (Wirkung nach außen)
■ Gesamtgesellschaftliche Ziele können besser umgesetzt werden (öffentliches Interesse)

■ Öffentliches Marketing verfolgt das Ziel, grundsätzliche Verhaltensmuster zu beeinflussen. (Wirtschaftliches Marketing zielt hingegen meist auf Verhaltensnuancen.)

Marketing ist also eigentlich ein Verfahren, mit dem die Funktionsfähigkeit des Unternehmens oder einer Einrichtung im Sinne von Selbststeuerung verbessert wird.

Denn die Ausgestaltung der Distributionsmöglichkeiten dient dem Zweck des Systems, Waren oder Dienstleistungen nach außen hin anzubieten. Nach außen gerichtete Anpassungsleistungen erfolgen außerdem über die Preispolitik. Die Produktpolitik ist hingegen ein internes Instrument der Regelung und Steuerung.

Die Kommunikationspolitik dient letztlich der Informationsverarbeitung. Diese unterschiedlich angelegten Veränderungsmöglichkeiten sind

Instrumenten-Mix des Marketing

	Extern	Intern
Konsumatorisch	Distributionspolitik	Produktpolitik
Instrumentell	Preispolitik	Kommunikationspolitik

gemeinsam aufeinander abzustimmen.

Marketing bietet Verfahren an, mit denen die Selbststeuerung der Adressaten unter Berücksichtigung der eigenen Möglichkeiten und Perspektiven förderbar ist. Die Umweltberatung kann insofern ihre interaktiven und kommunikativen Anliegen unter Anwendung dieser Methoden verwirklichen.

Planung von Kommunikationsprozessen.

Im folgenden geht es um die Übertragung der Methodik auf die Förderung von umweltgerechtem Verhalten. Entsprechende Zielvorstellungen sind dann erfolgversprechend, wenn eine Ausrichtung auf Bedürfnisse von Adressaten erfolgt und wenn dabei eine systematische Herangehensweise praktiziert wird. Bei der Erstellung eines entsprechenden Konzepts können verschiedene aufeinanderfolgende Schritte unterschieden werden.

Aus der Abbildung „Kommunikationskreislauf" geht zum einen eine mögliche Abfolge verschiedener aufeinander bezogener Arbeitsschritte hervor. Zum anderen wird deutlich, daß es sich nicht um einen einmaligen Prozeß handelt, sondern um einen Prozeß aufeinanderfolgender Aktivitäten.

Situationsanalyse

Analyse der Probleme und Potenziale	Darstellung der Analyseobjekte und ihrer positiven und negativen Einflußfaktoren
Analyse des Angebotes	■ Welche Aufgabenstellung wird durch die Institution verfolgt? ■ Über welche Kompetenzen und Kapazitäten verfügt die Institution?
Analyse der Umfeldfaktoren	■ Wie ist das allgemeine Meinungsklima in bezug auf die Institution? ■ Aktivitäten anderer Institutionen
Analyse der bisherigen kommunikativen Aktionen	■ Welche konkreten Maßnahmen wurden bisher ergriffen, um das konkrete Problem zu lösen?

Bei der Situationsanalyse (erster Schritt) steht die Erfassung des zu bearbeitenden Problems im Vordergrund. Derartige Probleme können beispielsweise die zu geringe Unterstützung des lokalen Aballwirtschaftkonzepts durch die Bevölkerung oder die Belastung der Atmosphäre durch die Verwendung von Fluorchlor-Kohlenwasserstoffen sein. Die sachlichen Aspekte eines Problems werden zusammengestellt und analysiert. Besonderes Augenmerk ist hierbei auf die Erfassung der Wirkungen zu richten. Welche Funktionen verstärken die Problematik? Welche Funktionen mindern sie? Je umfassender und komplexer die Problematik ist, um so ausführlicher muß die Zusammenstellung der Wirkungen ausfallen.

Die Analyse der Situation sollte jedoch auch die eigenen Möglichkeiten berücksichtigen. Leitende Fragen sollten sich daher auch auf die Analyse der Angebotsstruktur, des Umfeldes und der bisherigen strukturellen Maßnahmen beziehen.

Die Analyse der Angebotsstruktur ist von mitentscheidender Bedeutung. Denn eine Öffentlichkeitsarbeit in Form einer Ein-Weg-Kommunikation greift in der Regel zu kurz. Vielmehr stellen die zusätzlichen Verbesserungen des eigenen Angebotes und die Orientierung an den Wünschen und Problemen der Adressaten weitere

Faktoren des Problemlösungsprozesses dar. Die Informationstätigkeit läuft ansonsten Gefahr, von den eigentlichen Problemen abzulenken und diese zu verdecken.

So heißt es in einem Stadtmarketing-Konzept der Stadt Wuppertal: „Doch die grundsätzlichen Probleme, die sich nicht mit Öffentlichkeitsarbeit lösen lassen, sind geblieben bzw. haben sich noch verschärft, denn ‚geändert' hat sich die Stadt von selbst nicht zum Positiven."

Die Bearbeitung der Tabelle „Situationsanalyse" kann über vorhersagbare Schwierigkeiten der Kommunikation Auskunft geben. Denn die Adressaten weisen nicht nur unterschiedliche und oft unerwartete Informationsdefizite auf,

■ sondern haben häufig ungenaue Vorstellungen von den Aufgaben und Problemen öffentlicher Institutionen, woraus sich Probleme bei der Durchführung von Programmen ergeben können,

■ sind ferner je nach vermuteter persönlicher Betroffenheit durch Maßnahmen unterschiedlich aktionsbereit

■ und haben zudem ein unzureichendes Vertrauen in die Sach- und Organisationskompetenz der öffentlichen Institutionen.

Die präzise Bestimmung der Kommunikationsziele (2. Schritt) erfolgt auf der Basis der Analyse. Die weiteren Tätigkeiten werden an den hier zu treffenden Festlegungen aufbauen. Untersuchungen zeigen, daß die Formulierung von Zielen zu einer intensivierten Auseinandersetzung über verfügbare Handlungsmöglichkeiten im Hinblick auf die eigenen Bedürfnisse führt. Die einzelnen Ziele sollten möglichst genau (quantitativ und qualitativ) festgelegt werden. Dies erleichtert die Umsetzung der Ziele in der kreativen Phase. Außerdem ist dann zu einem späteren Zeitpunkt eine Messung durchführbar, denn diese Attribute stellen gleichzeitig Meßgrößen dar.

Die Ziele werden anschließend auf die Adressaten bezogen. Sollen beispielsweise in einer Stadt die Recycling-Quoten erhöht werden, so kann ein Unterziel die Erhöhung der Erfassungsquote von Altpapier sein. Altpapier fällt an sehr unterschiedlichen Stellen an. Diese Anfallstellen gehen in die Liste der Adressaten ein.

Es ist sinnvoll, ein hierarchisches Zielsystem zu entwickeln. Dies kann beispielsweise die Form eines fortschreibungsfähigen Handbuches mit konkret formulierten Handlungsanweisungen annehmen. Methodisch wird dabei von einem Globalziel ausgegangen, das über mehrere Stufen hinweg verfeinert wird.

1	Oberziele
1.1	Unterziele
1.1.1	Strategiebereiche
1.1.1.1	Projekte

Die Berücksichtigung längerfristig zu verfolgender Oberziele verhindert,

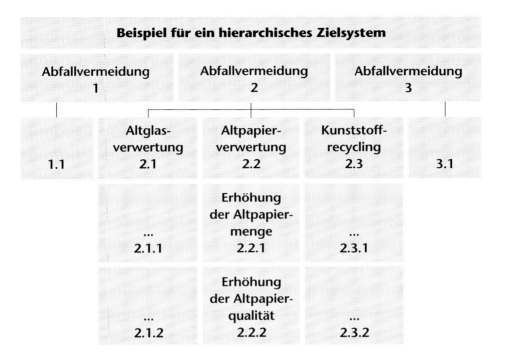

Beispiel für ein hierarchisches Zielsystem

daß Strategien entwickelt und Projekte durchgeführt werden, ohne daß sie in einen übergreifenden Bezugsrahmen und eine politische Perspektive eingebunden sind. Die Gliederung in kurzfristige, mittelfristige und längerfristige oder dauerhafte Ziele ermöglicht ständig abgestimmte Aktivitäten und eine kontinuierliche Zielannäherung.

■ Bei der langfristigen Planung geht es um die Durchsetzung übergreifender Zielsetzungen.
■ Die mittelfristige Planung sieht taktische Anpassungen an sich verändernde Situationen vor.
■ Kurzfristig werden genau umrissene Projekte zur Erreichung von Teilzielen durchgeführt.

Projekte sind zeitlich eng begrenzte und inhaltlich genau definierte Vorhaben. Die weitere Projektannäherung basiert deshalb auf einer Festlegung der Adressaten, und erst anschließend erfolgt eine Auswertung möglicher Maßnahmen.

Der zentrale Bezugspunkt bei der Planung eines Kommunikationsansatzes sind die Adressaten, beispielsweise Kunden, Anlieger, Verbraucher, Vereinsmitglieder oder Schüler.

Berater benötigen viele und gute Informationen. Deshalb wird im fol-

Entwicklung von Projekten

Ziel	Adressaten
Erhöhung der Erfassungsquote von Altpapier von x kg pro Einwohner und Jahr auf y kg pro Einwohner und Jahr (Strategiebereich 2.2.1)	■ private Haushalte ■ öffentliche Verwaltung ■ betriebliche Verwaltungsabteilungen ■ Schulen ■ Handel ■ Druckereien u.a.

genden auf die Entwicklung von Adressaten bzw. Zielgruppen eingegangen (3. Schritt).

Jede Adressatengruppe zeichnet sich durch eine Vielzahl von Merkmalen aus. Merkmale sind beispielsweise die Größe der Gruppe, finanzielle Ressourcen, besondere rechtliche Bestimmungen, das Informationsniveau, die speziellen Informationserwartungen, soziodemographische (Bildung, Geschlecht, Einkommen etc.), psychologische und verhaltensmäßige Merkmale, Motivierbarkeit. Neben der Feststellung allgemeiner Merkmale geht es auch um die Feststellung von Informationslücken. Gleichzeitig werden die kommunikativen Möglichkeiten untersucht, mit denen eine Ansprache erfolgen kann.

In der Praxis der Umweltberatung wendet man sich an unterschiedliche Adressaten wie z.B.:

■ **die Bürger einer Stadt,**
■ **Großhaushalte,**
■ **Vereine,**
■ **Aus- und Übersiedler,**
■ **Familien mit Kleinkindern,**
■ **Einzelhandelsgeschäfte,**
■ **Industriebetriebe,**
■ **Branchen,**
■ **Organisationen in einem räumlichen Gebiet,**
■ **leitende Mitarbeiter in Dienstleistungsunternehmen,**
■ **Journalisten**

Die Fragen der Tabelle „Adressatenorientierung" leiten das Augenmerk besonders auf die konkreten Lebensbedingungen der Adressaten. Eine Adressatenorientierung beinhaltet in diesem Kontext verschiedene Aspekte:

■ Die Ansprache orientiert sich an den subjektiven und soziobiographischen Bedingungen der Adressaten.

Adressatenorientierung	
Analyse der Adressatengruppe	Definition der Personengruppen, die von einem Angebot direkt oder indirekt berührt werden
Analyse der erreichbaren Interaktionsgewinne	■ Welche Vorteile erwachsen den Adressaten aus einer Veränderung des Verhaltens? ■ Wie kann die Selbststeuerungsfähigkeit gefördert werden?
Analyse der Möglichkeiten zur Kommunikation	■ Welche kommunikativen Zugangsweisen gibt es und wie werden sie genutzt? ■ Welche flankierenden Maßnahmen, z.B. Public Relations, Informationsveranstaltungen, etc. werden bereits genutzt und sind auch weiterhin geplant?

■ Das Prinzip der Partizipation erhöht die Wahrscheinlichkeit der Verhaltensänderung, indem die Identifikation des Individuums mit den Inhalten und den Handlungen erhöht wird.
■ Der Adressat verfügt über die Kompetenz und die Autonomie, sich zugunsten oder auch zuungunsten einer Verhaltensweise zu entscheiden.

Insbesondere die Durchführung von Kooperationsbeziehungen ist hierbei hervorzuheben. Die Einbeziehung der Personen, aber auch der agierenden Interessenverbände führt zu einem Verständnis der Probleme der Interaktionspartner. Gleichzeitig wird deutlich, daß die Zielverfolgung ernsthaft vorangetrieben wird; ein Effekt, der im Falle städtischer Planung die Distanz zwischen Bürger und Verwaltung mindern hilft.

Diese Ausführungen zeigen, daß bei den ersten Schritten im Kommunikationsprozeß weitgehend ohne die konkreten Personen gehandelt wird. Die folgenden Phasen schließen jedoch die Adressaten mit ein und geben Gelegenheit, die Hypothesen mit der Realität zu konfrontieren. Die Interaktionsstruktur in der Umweltberatung wird hierdurch entscheidend geprägt, denn es ist den Adressaten zumeist möglich, selbst aktiv einzugreifen. Damit werden aus abstrakten Angehörigen von „Zielgruppen" handelnde Personen, die das Bild der Gruppe entscheidend beeinflussen.

Die Adressatenanalyse erleichtert die Entwicklung von Strategien, sie dient auch der strukturellen Entwicklung des Beratungsangebotes mit Folgen für methodische und inhaltliche Entscheidungen. Insbesondere wird eine Bewertung der Wichtigkeit von Angebots- und Nachfragestrukturen ermöglicht. In diesem Fall erfolgt die Adressatenanalyse aus dem Blickwinkel des angestrebten Ziels und ist ein Planungsinstrument.

Die Erforschung von Adressaten kann auf einer allgemeineren Ebene ferner darüber Auskunft geben, wer vom Angebot der Umweltberatung erreicht wird und wer eher zurückhaltend reagiert. Eine Erforschung dient dann der Vergewisserung, ob die eingesetzten Instrumentarien in dem beabsichtigten Sinne „greifen", oder ob die erreichten Gruppen nicht den eigenen Zielsetzungen entsprechen. Durch eine Erforschung kann das Bild von den Adressaten genauer und mit den eigenen Erwartungen verglichen werden. Sie dient damit der Messung und der Reflexion der eigenen Arbeit. Die Konsequenzen, die aus den Ergebnissen zu ziehen wären, liegen auf der Ebene der eigenen Organisationsstruktur.

Schließlich kann Adressatenforschung dazu dienen, die konkreten Kommunikations- und Interaktionsstrukturen in der Beratung genauer kennenzulernen, um daraus Rückschlüsse für die weitere Gestaltung der Beratungssituation zu ziehen. Dann steht der Interaktions- und Kommunikationsprozeß und die auf ihn einwirkenden Faktoren im Mittelpunkt des Interesses. Hieraus sind insbesondere methodische Konsequenzen abzuleiten.

Die drei verschiedenen Ansatzpunkte der Adressatenorientierung (Überprüfung der Angebots- und Nachfragestrukturen, Untersuchung der Adressaten, Analyse der Kommunikation) sind miteinander kombinierbar und ergänzen sich gegenseitig.

An die analytischen Vorüberlegungen schließt sich die eigentliche strategische Phase an, die Erstellung des kreativen Konzepts. In der Praxis kann hierbei durchaus der Fall eintreten, daß die Adressaten der Kommunikationsmaßnahmen nicht mit den Adressaten des eigentlichen Angebotes identisch sind. Ein Beispiel hierfür bietet der gezielte Einsatz umwelterzieherischer Maßnahmen. Obwohl die Eltern gemeint sind, werden die Kinder angesprochen, weil sie Informationen mit größerer Effektivität weitertransportieren. Mehrfach wurde belegt, daß Kinder das soziale Gewissen von Familien darstellen.

Nachdem die Problematik und die Adressaten analysiert wurden, sind die

Maßnahmen zu entwickeln. Welche Maßnahmen (4. Schritt) im einzelnen geeignet sind, kann hier nicht erörtert werden. Dies hängt vom Einzelfall ab, und muß jeweils neu geprüft werden. Grundsätzlich kann die Auflistung möglicher Maßnahmen in zwei Schritten erfolgen:

■ Die Abstimmung der Kommunikationsmethoden
■ Die Grundauswahl der Werbeträger

Eine systematische Aneignung verschiedenster Instrumente erleichtern jedoch auch hier das Abwägen. Sinnvoll ist die Erstellung eines „Maßnahmen-Baukastens". Diese Sammlung könnte inhaltliche, methodische, organisatorische und finanzielle Hinweise und Erfahrungswerte enthalten. (Eine Auflistung von Werbemedien finden Sie auf S. ... dieses Buches.)

Die Instrumente sprechen die Adressaten in jeweils einer anderen Form an. Manche eignen sich eher bei Kampagnen der Einstellungsänderung; andere zielen direkt auf eine Änderung des Verhaltens. Bei einer Auswahl können folgende Kriterien eine Entscheidungsgrundlage bilden:
■ Die Situation, in der die Maßnahme stattfindet oder in der das Medium genutzt wird.
■ Die zu erwartende Wirkung und Wirkungsdauer der Maßnahme.
■ Das Verhältnis zwischen Inhalt und Maßnahme.
■ Die Intensität, mit der das Medium genutzt werden kann.
■ Die Erreichbarkeit der Adressaten.
■ Die Reichweite über die Adressaten hinaus.

Die Entwicklungsstrategien und Leitideen sollen visuell erlebbar sein. Die Symbole müssen sich in baulich/räumlichen Situationen ausdrücken und auffinden lassen. Sichtbare Symbole sind unverzichtbar, weil man sich mit ihnen identifiziert. Übertragen beispielsweise auf die Kommunikation in der Entsorgung könnte dies bedeuten, die Standorte für Wertstoff-Container nach einem einheitlichen Konzept flächendeckend zu gestalten.

In der Regel sind verschiedene Instrumente miteinander zu kombinieren und auch zeitlich zu staffeln, damit der Kommunikationsprozeß erfolgreich verlaufen kann. Die Notwendigkeit, verschiedene Instrumente parallel zu kombinieren, ergibt sich aus der erhöhten Wahrscheinlichkeit, daß die Informationen von Adressaten wahrgenommen werden. Die zeitliche Staffelung erscheint sinnvoll, um begonnene Lernprozesse zu stabilisieren, weil diese zumeist durch Verunsicherung gekennzeichnet sind. In einer Anfangsphase entsteht der Widerspruch zwischen Lebenspraxis und den wahrgenommenen Informationen. In dieser Situation sind zwei grundsätzliche Verhaltensmöglichkeiten denkbar:

- Die Person bleibt bei den alten Verhaltensweisen.
- Die Person wendet sich den empfohlenen Verhaltensweisen zu.

Sofern die zweite Variante zutrifft, kann es nach einer Erprobungsphase zu einer Rückkehr zu den alten Verhaltenweisen kommen. Der Unsicherheit in dieser Phase kann mit weiteren informativen, bekräftigenden Instrumenten und denen des Feedback begegnet werden. Konsolidierung ist insofern ein bedeutsamer Aspekt im Rahmen einer systematischen Kommunikation.

Die strategische Planung (5.-8. Schritt) kann aufgrund der Vorarbeiten eine Vielzahl wichtiger Informationen einbeziehen. Es liegen Daten zum Problem, zu den Adressaten und zu dem verfügbaren Instrumentarium vor. Bei der Medienplanung stellen sich Fragen nach der Eignung der Instrumente im Einzelfall, nach dem jeweiligen Preis-Leistungsverhältnis und insbesondere beim Methoden-Mix nach den qualitativen Faktoren einzelner Instrumente. Die Verdichtung zu einem Handlungskonzept sollte wie der Gesamtprozeß einem systematischen Verfahren unterzogen werden. Folgende Regeln können dabei helfen:

- Die Auswahl einzelner Handlungsmöglichkeiten ist in Stufen vorzunehmen; drei bis vier Stufen haben sich als zweckmäßig erwiesen.
- Aufgrund einzelner Bewertungen werden in jeder Stufe Handlungsmöglichkeiten ausgeschieden, so daß man sich in den folgenden Stufen auf die verbleibenden Handlungsmöglichkeiten konzentrieren und sie zu Handlungskonzepten präzisieren bzw. verdichten kann.
- Jede Bewertung erfolgt anhand von Kriterien und Entscheidungsregeln, die vorab aufgestellt werden müssen.
- Von Stufe zu Stufe werden zusätzliche und differenziertere Kriterien bzw. Entscheidungsregeln zur alternativen Prüfung herangezogen.
- Zuerst wird nach denjenigen Kriterien und Entscheidungsregeln geprüft, die den geringsten Informationsaufwand erfordern; nach und nach geht man zu aufwendigeren Prüf- und Bewertungsverfahren über.

Ein methodisches Vorgehen ist sinnvoll, um die Möglichkeit mit dem größten Nutzen herauszufinden. Am Ende des Entscheidungsprozesses steht eine Maßnahme oder ein Maßnahmenkatalog. Ein Beispiel ist in der Tabelle S. 33 dargestellt.

Bei dieser Tabelle wurden beispielhaft unterschiedliche sozialpsychologische Strategien der Verhaltensänderung wie z.B. Informationen, Anreize und Feedback aus dem Zielbeispiel angewandt. Dabei wird deutlich, daß über die Abfolge unterschiedlicher und aufeinander bezogener Maßnahmen Erfolge erreichbar sind.

Beispiel für die Festlegung eines Maßnahmenkataloges

Verbraucher	2.2.1.1	Verdichtung des Containernetzes an Einkaufszentren
	2.2.1.2	begleitende Plakataktion in den Einzelhandelsgeschäften
	2.2.1.3	Bekanntgabe der erfaßten Mengen in der Tageszeitung
	2.2.1.4	Aktion „Stadtverordnete besuchen eine Papierfabrik"
	2.2.1.5	(...)
Städtische Verwaltung	2.2.1.6	Einführung zusätzlicher Papierkörbe
	2.2.1.7	Artikel in der Verwaltungszeitung
	2.2.1.8	Wettbewerb im Rahmen des Vorschlagwesens
	2.2.1.9	wöchentliche Bekanntgabe der Ergebnisse am Schwarzen Brett
	2.2.1.10	(...)
(...)	2.2.1.11	(...)

Abhängig vom Erfolg bzw. Mißerfolg bestimmter Maßnahmen werden Modifikationen oder sogar Verlagerungen der strategischen Schwerpunktbildung erforderlich. Die Datenbasis verbessert sich in der Regel hierbei ständig sowohl hinsichtlich der Quantität als auch hinsichtlich der Qualität. Entscheidungen können so ständig fundierter getroffen werden.

Viele Informationen erreichen Adressaten überhaupt nicht, erreichen falsche Adressaten oder gelangen zwar zu den Adressaten, werden aber nicht in der gewünschten Form wahrgenommen und verarbeitet. Eine Messung kann bei derartigen Erhebungsinhalten Zwischenergebnisse für die weitere Planung erbringen.

Beispiele für eine Bewertung stellen folgende Maßnahmen dar.

Exemplarische Untersuchungen zu Einzelaspekten:
- Abfallwirtschaftliche Statistik
- Abfallmenge; Abfallvolumen
- Schadstofferfassung
- Verwertungsquoten

Begleitende Aktionskontrolle mit Zwischenergebnissen für die weitere Planung

- Stichproben
- Bewertung von Vorträgen
- Protokollierung aller Beratungen

Bei Bewertungen, die intern vorgenommen werden, müssen oft Erfolge dargestellt werden. Dies untergräbt jedoch das Bestreben, durch eine Bewertung zu einer Verbesserung zu kommen. Ansonsten reproduzieren sich lediglich die unbefriedigenden aktuellen Verhältnisse.

Zusammenfassung

In diesem Beitrag wurde aufgezeigt, daß es sich bei der Umweltberatung um Tätigkeiten im Bereich der Kommunikation handelt. Sie sollte keinen „Aktionismus" verfolgen, sondern geplant und strategisch vorgehen. Sozialpsychologische Erkenntnisse bieten dabei eine wesentliche Grundlage. Die Umweltberatung als soziale Austauschprozesse zu interpretieren sollte den systematischen Einsatz von Marketing-Methoden nach sich ziehen. Die Einbeziehung der Adressaten ist dabei wichtig. Es besteht nicht nur die Gelegenheit, das angegangene Umweltproblem effektiv zu bearbeiten, sondern auch die Chance, die Selbststeuerungsfähigkeit der Adressaten zu fördern.

Marketing bildet das Bindeglied zwischen den Erfordernissen des gesellschaftlichen Strukturwandels und den bestimmten Faktoren von Verhaltensänderungen durch Unternehmen oder Personen.

Schlußfolgerungen für die Praxis

Marketing kann nur sinnvoll eingesetzt werden, wenn seine Instrumente bekannt sind und professionell eingesetzt werden. Kommunikationsprozesse haben ihre ganz eigenen Gesetze. Umweltberater sind aufgrund ihrer Ausbildung Experten auf vielen Gebieten. Ihr Fachwissen in Kombination mit den Kenntnissen von Kommunikationsexperten kann sowohl Müllberge versetzen als auch Kommunikationsdefizite in ausgewählten Zielgruppen beseitigen helfen.

Gebrauchsanweisung für Werbeagenturen

Grundregeln

Werbeagenturen sind besser als ihr Ruf. Dort arbeiten keine Spinner, die mittags aufstehen, Sekt trinken und ab und zu ein paar Sprüche klopfen. Das sind überholte Klischees. Werbung ist harte Kommunikationsarbeit, die von gut ausgebildeten Spezialisten durchgeführt wird. Werber sind dazu da, Kommunikationsprobleme ihrer Auftraggeber mit den vielfachen Mitteln des Marketing zu lösen bzw. deren Lösung vorzubereiten.

Die Werbewirtschaft ist ein größerer Wirtschaftszweig. Für ihn arbeiteten 1990 in der Alt-Bundesrepublik insgesamt rund 340.000 Beschäftigte (35.000 bei den Auftraggebern von Werbung, 110.000 in der Werbegestaltung, 10.000 in der Werbemittel-Verbreitung und 185.000 in Zulieferbetrieben wie der Druckindustrie).

Solide Werbung ist kein frivoles Spiel ohne Grenzen. Sie ist ein Instrument der Information und Motivation von Gesellschaft und Wirtschaft im Dienste verschiedener Kunden. Gute Werber sind eierlegende Wollmilchsäue in Sachen Kommunikation und gleichzeitig ordentliche Kaufleute.

Ernstzunehmende Werbeagenturen berechnen keine Honorare oder Vergütungen, die dem Auftraggeber unbekannt sind. Tarife und Rechnungen von Dritten werden offengelegt. Falls gewünscht, kann Konkurrenzausschluß vereinbart werden, damit die gleiche Agentur nicht etwa zwei verschiedene Automarken betreut.

Mitarbeiter in Werbeagenturen sind verpflichtet, sämtliche bei der Zusammenarbeit bekannt werdenden Betriebsgeheimnisse der Auftraggeber geheim zu halten. Vielfach werden sie beinahe zu bezahlten Beichtvätern ihrer Kunden. Seriöse Werbeagenturen führen keine unbezahlten Präsentationen von Werbekonzeptionen und Gestaltungsvorschlägen durch. Durchdachte Kommunikationsstrategien verhelfen dem Auftraggeber zu Profit oder sorgen für die Verbreitung seiner Botschaften. Das hat seinen Preis.

Leistungspalette

Eine gute Agentur hat das Potential, sogenannten Full Service anbieten zu können. Das erfordert eine komplexe, marketingorientierte Arbeitsweise, die in der Regel nur erfolgreich sein kann, wenn der Auftraggeber der Agentur die Aufgaben für mindestens ein Jahr überträgt bzw. für die anstehenden Maßnahmen einen entsprechenden Etatumfang zur Verfügung stellt.

Am Anfang der Agenturarbeit steht das Marketingziel des Auftraggebers. Zur Realisierung entwickelt die Agentur auf der Basis von Marktanalyse, Verbraucherstruktur, Verbraucherverhalten, Tests und anderen zugänglichen Informationen die Marketingstrategie.

Auf deren Grundlage werden Kommunikationsziel und Kommunikationsstrategie erarbeitet. Das gilt für die Bereiche Werbung, Verkaufsförderung, Public Relations und andere Kommunikationsaufgaben (z.B. Sponsoring). Falls Medieneinsatz für die Umsetzung der Kommunikationsstrategie notwendig ist, entwickelt die Agentur eine Mediastrategie und leitet daraus einen genauen Einsatzplan ab. Akzeptiert der Auftraggeber die Agenturvorschläge, wickelt die Agentur die Schaltungen unter den für den Auftraggeber günstigsten Bedingungen (Rabattierungen usw.) in den Medien ab.

Dazu gehören die Überwachung der Auftragsdurchführung und die finanztechnische Abwicklung.

Die Agentur übernimmt auch die Gestaltung aller eingesetzten Werbemittel und deren Produktion von der Aktionspostkarte bis zum TV-Spot. Zusatzleistungen moderner Werbeagenturen sind die Konzeption und Durchführung von Verkaufsförderungsmaßnahmen (Aktionen, Promotions usw.) und die Entwicklung der Corporate Identity eines Unternehmens oder einer Institution. Das schließt ein: alle notwendigen Forschungsprojekte im Vorfeld, die daraus abzuleitenden Gestaltungsaufgaben und innerbetrieblichen Schulungen, aber auch die Überwachung

Die Agentur zwischen Kunde und „Fremdleistungen"

Kunde	
Agentur	
Illustratoren	Fotografen
Setzerei	Druckerei
Litho-Anstalt	Werbemittel-Anbieter
TV/Rundfunk	Verlage

eines im Rahmen des „CI" entwickelten Corporate Designs und die wichtige, die gesamte CI-Entwicklung begleitende Erfolgskontrolle (Controlling).

Immer mehr Werbeagenturen trennen auch nicht länger strikt zwischen Werbung und Public Relations. Zu ihrer Angebotspalette gehören externe oder interne PR-Maßnahmen (z.B. Veranstaltungsdurchführung, Medienkooperationen, Imageförderung). Sie verfügen entweder über entsprechendes Fachpersonal oder kaufen die Leistungen ein.

Zusammenfassend läßt sich sagen: Agenturen sind dazu da, dem Auftraggeber die Arbeit abzunehmen bzw. sie zu erleichtern. Ohne Agentur müßte die Werbeabteilung des Auftraggebers mit Illustratoren, Fotografen, Setzereien, Rundfunk- und Fernsehanstalten verhandeln und deren Arbeit überwachen, doch dazu fehlt ihr im Tagesgeschäft einfach die Zeit oder auch das Know-how. Aber zum Glück gibt es Agenturen genauso für den täglichen „Kleinkram" wie für die oft hilfreiche Außensicht eines Unternehmens oder einer Institution.

Die Agenturmitarbeiter sind betriebsfremd und leiden deshalb nicht an der für Unternehmen oder Institution schädlichen „Betriebsblindheit". Sie können die betriebsinternen Kommunikationswege analysieren und ihre (Verbesserungs-)Vorschläge entstehen außerhalb von Hierachien und Gremien.

Agenturstruktur

Jede Werbeagentur hat ihre personell bedingten besonderen Stärken und natürlich auch Schwächen. Aber um dem Full-Service-Anspruch gerecht zu werden, muß eine Agentur bestimmte Bereiche personell abdecken. Zwar gibt es im Bereich der Werbung zahlreiche, teilweise durchaus qualifizierte „Einzelkämpfer", aber deren Möglichkeiten über die reine Werbeberatung hinaus sind eingeschränkt. Eine „normale" Werbeagentur sollte beraten, texten, gestalten, produzieren, schalten und (Leistungen) einkaufen können. Um diesen Ansprüchen gerecht werden zu können, muß sie entsprechende „Abteilungen" haben.

Die Beratung – auch Kundenkontakt genannt – ist sicherlich das Herz einer Agentur. Wenn in diesem Bereich die „Chemie" nicht stimmt, werden Kunden abgeschreckt oder nicht gehalten.

Das Gehirn einer Werbeagentur ist die Konzeptionsentwicklung, deren Ergebnisse dann von Textern und Gestaltern umgesetzt werden. Gestaltung heißt im Detail: Entwicklung von Corporate Designs; Gestaltung von Signets; Layouts von Anzeigen, Broschüren, Faltblättern usw.; Reinzeichnungsarbeiten einschließlich der Erstellung von Druckvorlagen.

Die technische Stärke einer Agentur zeigt sich in der Produktion:

Übliche Strukturierung einer Werbeagentur

	Geschäftsleitung	
Beratung	Media/Planung/Durchführung	Grafik
Konzeption	Einkauf/Organisation	Produktion
Text	Buchhaltung	Archiv

Satzüberwachung, Lithoherstellung, Drucküberwachung von zwei- und dreidimensionalen Werbemitteln, produktionstechnische Zusammenarbeit mit Verlagen bei Anzeigen oder Beilagen.

Die größten Umsätze werden jedoch fast immer im Mediabereich erzielt, denn dort greifen Prozentklauseln (üblich sind 15% der Etathöhe für die Koordination und Überwachung).

Die Aufgaben einer Werbeagentur im Überblick:
Planung von Kampagnen (TV, Rundfunk, Printmedien, Großflächen usw.), Durchführung (Unternehmens- und Produktwerbung, institutionelle Anzeigen, Personalanzeigen usw.).

Je nach Agentur kommen zu den oben genannten Bereichen die Verkaufsförderungs-Abteilung zur Entwicklung und Koordination von Direktwerbeaktionen und ein (Foto-)Archiv.

Agenturwahl

Werbeagenturen gibt es wie Sand am Meer. Wie also die richtige finden? Für fast alle Bereiche der produktbezogenen oder institutionellen Werbung gibt es inzwischen Spezialagenturen. Die Namen guter Agenturen sprechen sich in der jeweiligen Branche herum oder sind Fachpublikationen, insbesondere Fachzeitschriften (z.B. Horizont, werben & verkaufen, Der Kontakter, PR Magazin) zu entnehmen. Da die „Ehe" mit einer Agentur eine wichtige unternehmenspolitische Entscheidung ist, sollte man mit größtmöglicher Sorgfalt vorgehen. Die folgende Checkliste hilft, die Auswahl zu erleichtern:

■ Besuchen Sie verschiedene Agenturen.
■ Sprechen Sie nicht nur mit dem Chef, sondern auch mit Mitarbeitern.

- Fragen Sie sich, ob Sie der Agentur Geld anvertrauen würden.
- Fragen Sie, wie lange die Mitarbeiter in der Agentur tätig sind.
- Prüfen Sie, ob die Mitarbeiter nicht nur überzeugend reden, sondern auch schweigen können. Seien Sie vorsichtig, wenn Ihnen Geheimnisse anderer Kunden anvertraut werden.
- Seien Sie hellhörig, wenn Ihnen alles versprochen wird.
- Schauen Sie sich die bisherigen Arbeiten der Agentur an.
- Machen Sie sich die Mühe, mit einigen Kunden der Agentur zu sprechen.
- Fragen Sie sich, ob Sie zum Kundenkreis der Agentur gehören möchten.

Ein erstes „Kennenlern-Gespräch" kostet den potentiellen Auftraggeber außer Zeit nichts. Anschließend kann er ein kostenloses Angebot erwarten. In diesem Angebot wird die Agentur in groben Zügen beschreiben, wie sie technisch vorgehen wird, um die geschilderte Kommunikationsaufgabe zu lösen.

Reichen Gespräche und Angebot zur Entscheidungsfindung nicht aus, wird der Agentursuchende die von ihm vorausgewählten Agenturen zu einer Wettbewerbspräsentation einladen. An einer solchen Präsentation sollten mindestens zwei und möglichst nicht mehr als vier Agenturen teilnehmen. Die Agenturen erhalten die Aufgabe, eine Konzeption zu entwickeln. Alle beteiligten Agenturen erhalten ein gleichlautendes Briefing, in dem der Auftraggeber den Auftragsgegenstand und seine Probleme beschreibt und die Erwartungen an die Zusammenarbeit mit einer Agentur formuliert.

Briefing-Beispiele

- Einladung zur Wettbewerbspräsentation am ...
- Auftrag zur Ausarbeitung einer Präsentation

Aufgabenstellung:

Die Stadt Dortmund beabsichtigt, trotz immer geringerer Haushaltsmittel den Werbeetat für die Abfallberatung von zur Zeit 250.000,- DM auf insgesamt 1,8 Mio. DM aufzustocken. Für diese Etatveränderung, die auch gleichzeitig ein Politikum ist, benötigt die Stadt Dortmund ein Werbekonzept zur Darstellung der effektiven und sinnvollen Arbeit der Abfallberatung. Eine Umfrage hat ergeben, daß 46% der Verwaltungsangestellten die Arbeit der Abfallberatung nicht verstehen und daher die Etataufstockung für unangemessen hoch erachten.

Um die positive Grundstimmung für die Planung innerhalb der Verwaltung und des Rates/der Parteien (hierbei handelt es sich um einen Personenkreis von ca. 2500 Personen) zu erzeugen, benötigen wir ein Konzept zur Darstellung der Arbeit der Abfallberatung.

Wir beauftragen Sie daher, diese Arbeit in einem Marketingkonzept darzustellen. In dieser Präsentation soll folgendes besonders berücksichtigt werden:

1. Was ist der Nutzen der Arbeit der Abfallwirtschaft?
2. Mit welchen Mitteln sollen wir kommunizieren?
3. Wie sollen wir vorgehen?

Wir freuen uns auf Ihre Ideen und Vorschläge.

Einladung zur Wettbewerbspräsentation am ...

■ Auftrag zur Ausarbeitung einer Präsentation

Aufgabenstellung:

Die Stadt Nürnberg bezuschußt die Anschaffung von Häckselanlagen zur Kompostierung bis maximal 50% (höchstens aber 100,00 DM je Haushalt) für Vereine, Verbände und Nachbarschaftsgemeinschaften, wenn diese Häckselanlagen regelmäßig der Öffentlichkeit zugänglich gemacht werden.

Die Bezuschussung ist in der Öffentlichkeit nur unzureichend bekannt. Wir beauftragen Sie daher, die Arbeit unserer Abfallberatung durch die Präsentation werblicher Maßnahmen zu unterstützen. In dieser Präsentation soll folgendes besonders berücksichtigt werden:

1. Wen sollen wir ansprechen?
2. Welche Aussage stellen wir in den Mittelpunkt?
3. Mit welchen Mitteln sollen wir kommunizieren?
4. Wie sollen wir vorgehen?

Die Präsentation soll beispielhaft für eine Nachbarschaftsgemeinschaft ausgearbeitet werden.

Wir freuen uns auf Ihre Ideen und Vorschläge.

Nach einer angemessenen Zeitspanne präsentieren die einzelnen Agenturen dann nacheinander ihre Konzepte vor dem Auftraggeber. Nach dieser bezahlten Präsentation der Konzepte sollte die Entscheidung fallen. Wenn es um sehr große Etats geht, läßt der Agentursuchende die Kampagnen z.B. anhand von ausgewählten Anzeigenmotiven durch unabhängige Marktforschungsinstitute mit Hilfe von Gruppendiskussionen und anderen Marktforschungsinstrumenten testen.

Marketingstrategie

Egal für welches Konzept bzw. für welche Agentur sich der Auftraggeber entscheidet, es lohnt sich, durchschauen zu können, welche methodischen Schritte die Agenturen zu ihren Konzepten führten.

Jede Agentur hat sicherlich ihre ganz individuelle Herangehensweise, aber die folgenden Arbeitsschritte sollten zum Repertoire einer zuverlässigen Agentur gehören:

Ein gutes Drittel der Arbeit besteht aus dem Sammeln von Informationen zum Produkt und zum Markt, die dann sorgfältig ausgewertet werden. Nachdem die Zielgruppen definiert und analysiert wurden, gilt es, den USP (Unique Selling Proposition, das einzigartige Verkaufsargument) herauszuarbeiten.

Daraus läßt sich die Marketingidee ableiten, die im Idealfall langfristig angelegt ist. Erst dann schließt sich das eigentliche Konzept mit den detailliert erläuterten Maßnahmen an.

Nach Freigabe durch den Kunden steht der Umsetzung des Konzeptes, der Produktion bzw. den Schaltungen nichts mehr im Wege.

Wichtig ist, daß bei aller Begeisterung für eine Marketingidee das Konzept Controlling-Phasen vor der Gesamtumsetzung vorsieht. So können z.B. bestimmte Aktionen zuerst in einem Straßenzug oder in einem Stadtteil getestet werden, bevor sie auf die gesamte Stadt bzw. den gewünschten Raum übertragen werden. Geht es um Produkte, spricht man auch von Testmärkten.

1. Informationen/Aufgabenstellung zum Produkt
2. Marktinformationen
3. Auswertung der Informationen
4. Festlegung und Analyse der Zielgruppen
5. Ausarbeitung des USP
6. Festlegung der Marketingidee
7. Ausarbeitung des Marketingkonzeptes
8. Umsetzung des Konzeptes (Je nach Höhe des Etats wird vor die Gesamtumsetzung eine Testphase gesetzt)
9. Produktion und Schaltung
10. Controlling Ergebniskontrolle

Arbeitsschritte zur Entwicklung einer Marketingstrategie

Beispiel der Zusammenarbeit Objekt: Broschüre			
Phase	Kunde	Agentur	Dritte
Aufgabenstellung (Briefing)	■		
Konzept		■	
Abstimmung	■	■	
Rohtext		■	
Abstimmung	■	■	
Gestaltung (Layout)		■	
Abstimmung	■	■	
Fotoprogramm	■	■	■
Illustration		■	
Satz		■	■
Reinzeichnung		■	■
Abstimmung (Satzabzüge)	■	■	
Lithos		■	■
Abstimmung (Andruck)	■	■	
Druck		■	■
Auslieferung			■
Kunde überprüft, korrigiert oder erteilt Freigabe in einzelnen Phasen.			

Arbeitsalltag

Sind Auftraggeber und Agentur erst einmal eine Bindung eingegangen, besteht der Arbeitsalltag nicht ständig aus der Entwicklung neuer, umfangreicher Konzepte. Die Maßnahmen aus dem Ausgangskonzept müssen nach und nach abgearbeitet und ihre Durchführung überwacht werden.

Jeder Kunde hat natürlich sein eigenes Verständnis der „Agenturführung". An einem relativ kleinen Objekt, einer Broschüre zum Beispiel, läßt sich veranschaulichen, wie vorgegangen werden könnte, damit Kunde und Agentur mit dem Ergebnis zufrieden sind.

Egal wie „groß" die einzelnen Projekte sind, Kunde und Agentur müssen sich zur Erzielung von optimalen Ergebnissen zusammenraufen, ihren gemeinsamen Arbeitsrhythmus finden.

Der jeweilige Etatrahmen wird den Werber auf dem Teppich halten und die genaue Analyse der Zielgruppen und Märkte wird in eigene Ideen verliebte Auftraggeber von den Vorteilen professioneller Herangehensweise überzeugen.

Werbung - Ja, bitte

Die Verbesserung der Werbemittel

1. Problem

Unser Leben wird in fast allen Bereichen schneller. Früher wurden Schriftstücke mühsam durch Abschreiben vervielfältigt. Heute dauert das Kopieren einer Seite nur wenige Sekunden.

Vieles ist in den letzten Jahren schneller geworden. Nur die Werbung, insbesondere ihre Produktivität, entwickelt sich schleppend. Die Bedeutung der Gestaltung wird zu oft unterschätzt. Dies gilt gerade für den Bereich der Non-Profit-Werbung.

Dieses Kapitel soll helfen, bessere Werbemittel im Printbereich zu gestalten. Bessere Werbemittel sind in erster Linie Werbemittel, die schnell wirken.

Der Kampf um die Aufmerksamkeit ist in den letzten Jahren immer schärfer geworden. Das Schlagwort heißt „Informationsüberlastung". Untersuchungen haben ergeben: Die Leser von Zeitungen nehmen meist nur 8% der gedruckten Informationen zur Kenntnis. Der Rest ist „Abfall".

Anzeigen werden heute im Durchschnitt gerade noch 2 bis 3 Sekunden lang betrachtet. Das ergibt eine enorme Informationsüberlastung für Anzeigen.

Die augenblickliche Situation ist schon alarmierend. Doch wir müssen uns auf eine weitere Zunahme der Informationsüberlastung einrichten. Der Grund: Das Informationsangebot wächst immer schneller, die menschliche Aufnahmefähigkeit aber bleibt – biologisch bedingt – konstant.

Wer Werbung mit bzw. in Print-Medien betreibt, hat heute drei Hauptgegner: Erstens die Informationsflut, zweitens die audiovisuellen Werbemittel und drittens die Werbung eventueller Wettbewerber.

Wie in der Natur verschärft dies die Konkurrenz und den Ausleseprozeß.

Darum müssen sich alle, die erfolgreich Werbung machen wollen, diesem Ausleseprozeß intelligent anpassen.

Die meisten Menschen bringen der Werbung nur geringes Interesse entgegen. Diese Aussage findet bei Werbetreibenden und Agenturen zunächst fast immer Zustimmung. Dann aber kommt ein Einwand: „Für den Durchschnitt der Verbraucher stimmt dies, aber unsere Zielgruppe ist ganz anders."

Diese Argumentation ist gefährlich. Wer erfolgreich Werbung betreiben möchte, muß akzeptieren: Die meisten Zielgruppen sind wenig interessiert, auf jeden Fall weniger, als ihnen unterstellt wird.

Ein wichtiger Grund für das geringe Interesse an Werbung ist die Informationsüberlastung. Der ständig stärker werdende Druck der Informationsmassen verunsichert viele Menschen. Sie erkennen, daß sie auch bei größter Anstrengung nie ausreichend informiert sind. Also beschließen sie, die Mühe erst gar nicht auf sich zu nehmen.

Ein zweiter Grund, der das Interesse an der Werbung deutlich begrenzt: Der Mensch verhält sich nicht ständig vollkommen rational. Er hat deshalb auch nicht den enormen Informationsbedarf, der ihm oft unterstellt wird. Viele Entscheidungen werden überwiegend emotional getroffen. Und bei emotionalen Entscheidungen helfen viele der in der Werbung angebotenen Informationen nicht.

Emotionsforscher schätzen den Anteil emotionaler Entscheidungen im Leben eines Menschen auf über 90%. Damit wird verständlich, daß Emotionen einen sehr großen Einfluß haben. Das gilt gerade im Zusammenhang mit Entscheidungen im Umweltbereich.

Fazit: Werbetreibende müssen respektieren lernen, daß es Menschen gibt, die kein Interesse an ihren Botschaften haben. Erst recht nicht an dem eingesetzten Werbemittel. Von einer solchen Grundhaltung ausgehend wird man automatisch bessere Broschüren, Handzettel, Anzeigen usw. gestalten.

Zusammenfassung

In der Werbung bzw. Öffentlichkeitsarbeit eingesetzte Mittel müssen produktiver werden. Dies ist vor allem eine Frage der Gestaltung.

Die Informationsflut nimmt zu. Gleichzeitig haben wir immer weniger Zeit, uns mit Informationen auseinanderzusetzen. Die Informationsüberlastung wird weiter wachsen. Daraus folgt eine noch härtere Konkurrenz der Informationen.

Jeder Werbetreibende muß davon ausgehen, daß rund 95% der Kontakte mit unaufmerksamen Betrachtern stattfinden. Aber selbst für wichtige Entscheidungen werden oft nur wenige Informationen herangezogen.

2. Ziel

Ziel dieses Kapitels ist die Verbesserung Ihrer Werbemittel. Nur so können Ihre Botschaften den immer härter werdenden Wettbewerb um die Aufmerksamkeit der Konsumenten gewinnen.

Zusammenfassung

Viele Werbemedien haben erhebliche Verbesserungspotentiale. Diese müssen entdeckt und freigesetzt werden. Erfolgversprechende Werbemittel müssen schneller wirken: schneller gesehen und gelesen werden, verstanden und behalten werden.

3. Weg

Drei Entwicklungen der letzten Jahrzehnte fordern bei der Erstellung von Werbemittel immer mehr Beachtung:
- die Informationsüberlastung
- die wachsende Vorliebe für Bilder
- das geringe Interesse für Werbung

Diese Entwicklungen hängen eng miteinander zusammen. Sie werden auf den folgenden Seiten näher geschildert. Vorab die Konsequenzen:

Die zentrale Entwicklung der letzten Jahre ist die zunehmende Informationsüberlastung. Sie führt dazu, daß Postwurfsendungen und Zeitungsbeilagen weniger beachtet werden und sich Zeitschriftenleser immer kürzer mit Anzeigen beschäftigen.

Die wachsende Vorliebe für Bilder ist verbunden mit einer abnehmenden Neigung zu lesen. Schriftliche Informationen sind unbeliebt, weil sie Zeit kosten. Bilder und Piktogramme werden immer beliebter, denn sie informieren in Sekunden.

In vielen Bereichen ist das Interesse für Anzeigen und andere Werbemittel sehr gering. Es ist zu befürchten, daß es noch weiter abnimmt. Wer wenig Interesse hat, informiert sich nicht oder nimmt sich nur wenig Zeit für Informationen.

Eine Kosequenz: Ihre Werbemittel müssen innerhalb kurzer Zeit wirken.

Nur wenige Medien sind heute schon so gestaltet, daß sie diesem Anspruch genügen könnten.

Weltweit ist eine zunehmende Vorliebe für bildliche Informationen zu erkennen. Es wird immer weniger gelesen. Was steckt hinter dieser Entwicklung?

Ein erster Grund: Der Mensch mag Bilder. Sie können Spaß machen. Bilder sind die ursprüngliche Form der Kommunikation. Die Fähigkeit der rationalen Umweltbewältigung entstand erst später. Die Entwicklung der visuellen Medien wird in den kommenden Jahren weiter steigen. Auch in modernen Industriestaaten gibt es Analphabetentum. Die aktuellen Entwicklungen sind kulturgeschichtlich zu beklagen, als Praktiker muß man daraus die nötigen Konsequenzen ziehen.

Ein zweiter Grund: Bilder helfen gegen Informationsüberlastung. Überschüttet von bruchstückhaften Informationen ist der Mensch auf der Suche nach ganzheitlichen Botschaften. Botschaften, die ihm prägnant, glaubwürdig und schnell das Wichtigste sagen. Für viele Menschen sind Bilder der Rettungsring in der Informationsflut.

Aus beiden Gründen bieten Bilder für die Werbung für Ideen und Produkte große Chancen.

Bilder stoßen bei den Umworbenen auf große Akzeptanz. Gleichzeitig bieten sie aus theoretischer Sicht erhebliche Vorteile gegenüber Worten:

- Bilder werden fast immer zuerst betrachtet
- Bilder werden schneller verarbeitet

Die zentrale Aussage einer Bildes kann mit einem einzigen Blick erfaßt werden. Bei Text dauert dies erheblich länger. Der Grund: Bilder werden ganzheitlich verarbeitet.

Walter D. Scott hatte schon 1903 erkannt, daß Werbemaßnahmen eine theoretische Basis brauchen, um erfolgreich zu sein. Zu einer allgemein anerkannten Theorie ist es zwar bis heute noch nicht gekommen. Es wurde aber eine große Zahl von Erkenntnissen über die Wirkung von Werbung gewonnen. Damit steht der Werbepraxis eine solide Basis für die praktische Arbeit zur Verfügung.

Werbung sollte heute systematisch betrieben werden. Zu Beginn des Jahrhunderts reichte es noch aus, überhaupt Werbung zu treiben. Heute ist die Notwenigkeit der Werbung kein Thema mehr. Im Mittelpunkt des Interesses steht vielmehr die Frage nach der optimalen Gestaltung der Werbemittel.

Die Werbeforschung ist seit einigen Jahres zu einer fachübergreifenden Wissenschaft geworden. Zu Beginn des Jahrhundert war sie hauptsächlich psychologisch orientiert. Heute berücksichtigt sie zunehmend auch Erkenntnisse anderer Wissenschaften. Dadurch hat sich die Fähigkeit der Werbeforschung, Probleme zu lösen, erhöht.

Im weiterem Verlauf wird von folgendem Modell der Werbewirkung ausgegangen:

Werbekontakt
Informationsaufnahme
Verständnis
Informationsspeicherung
Einstellungswirkung
Kauf/Verhaltensänderung

Bekanntermaßen können Pretests kaum feststellen, ob z.B. eine Anzeige den gewünschten Einfluß auf das Kaufverhalten hat. Um gestalterische „Reserven" einer Konzeption aufzudecken, ist dies auch nicht nötig. Es reicht aus, die ersten fünf Stufen der Werbewirkung zu prüfen und zu optimieren. Das dafür notwendige Wissen wird in diesem Kapitel vermittelt.

Die einzelnen Stufen des oben beschriebenen Modells lassen sich gut als Fragen an die Gestaltung formulieren.
- Werbekontakt
  Hat Ihr Medium eine Chance, schnell gesehen zu werden?
- Informationsaufnahme
  Kann man die Informationen schnell aufnehmen, lesen?
- Informationsverarbeitung
  Kann man sofort verstehen, um was es geht?

- Informationsspeicherung
  Kann man sich Ihre Botschaft leicht merken?
- Einstellungswirkung
  Ist Ihr Medium spontan sympathisch, glaubwürdig usw.?

Die auf den folgenden Seiten aufgeführten Informationen sollen helfen, Ihre Werbemittel wirksamer zu machen. Die Hinweise sind fast alle empirisch fundiert, zumindest aber mit gesundem Menschenverstand nachvollziehbar.

Menschen mögen Bilder. Sie helfen gegen Informationsüberlastung. Im Bereich der Bildkommunikation liegen riesige Mengen ungenutzter Reserven.

Die Werbeforschung ist eine junge Wissenschaft. Seit Anfang dieses Jahrhunderts hat die Werbeforschung eine Vielzahl von Erkenntnissen gewonnen.

Die Optik

1. Werbemittel und ihr Aktivierungspotential

Die erste und vielleicht wichtigste Frage, die Sie sich stellen sollten, wenn Sie werben wollen, lautet: Hat dieses Werbemittel eine realistische Chance, von den Zielpersonen überhaupt gesehen zu werden?

Die Antwort auf diese Frage ist in erster Linie vom Aktivierungspotential des Medium abhängig.

Unter Aktivierungspotential versteht man die Fähigkeit, bei den Umworbenen eine Steigerung der Aufmerksamkeit auszulösen.

Warum scheitern viele Werbemittel schon an dieser ersten Hürde?

Es kann das Umfeld sein, in dem das Werbemittel zum Einsatz kommt. Manchmal liegt es vielleicht an der kreativen Unfähigkeit der Werbenden. Oft aber messen Werbetreibende dem Aktivierungspotential nicht genug Bedeutung bei. Viele Werbetreibende können sich nicht vorstellen, daß es auch Menschen gibt, die sich der Faszination ihrer Werbemittel entziehen kann. Verständliche Begeisterung für die eigene Arbeit verzerrt den Blick für die Tatsachen.

Zur Messung des Aktivierungspotentials gibt es eine Reihe von komplizierten Verfahren. Für die Praxis sind die meisten Verfahren jedoch problematisch: Sie erfordern eine sorgfältige Durchführung, hochqualifiziertes Personal und hohen Zeit- und Kostenaufwand. Das Aktivierungspotential läßt sich aber auch mit den traditionellen Verfahren der Befragung recht gut messen. Sogar mit Expertenschätzungen lassen sich erstaunlich gute Ergebnisse erzielen. Voraussetzungen sind theoretisch Kenntnisse über das Aktivierungspotential von Werbemitteln und etwas Übung. Diese Voraussetzungen sollen in diesem Kapitel vermittelt werden.

Unter Aktivierungspotential versteht man die Fähigkeit, Aufmerksamkeit auszulösen. Oft gilt: Je kreativer z.B. ein Werbemittel ist, desto größer ist sein Aktivierungspotential.

Viele Werbetreibende messen dem Aktivierungspotential ihrer Werbemittel nicht genug Bedeutung bei.

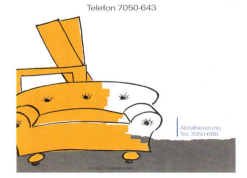

1.1 Bestimmung des Aktivierungspotentials

Das Aktivierungspotential von Werbemitteln kann man recht gut und zuverlässig einschätzen. Es ist dabei hilfreich, die jeweiligen Werbemittel in ihre Bestandteile zu zerlegen.

Es hilft, sich mit den technischen Daten des Aktivierungspotentials zu beschäftigen. In erster Linie geht es dabei um drei Größen:
- emotionale Reize
- gedankliche Reize
- physische Reize

Diese drei Reizarten sollte man kennen und beurteilen können. Dann ist es relativ einfach, das Aktivierungspotential einzuschätzen.

Manchmal werden Bedenken geäußert: Es wird befürchtet, daß die Verwendung aktivierender Motive zu einem Verlust an Sachlichkeit führt. Das ist zweifellos richtig, wenn man bei der Aktivierung nur an Erotik denkt. Die folgenden Seiten werden verdeutlichen, daß es zur gezielten Auslösung von Aktivierung eine Vielzahl vom Möglichkeiten gibt; ohne Gefahr für Glaubwürdigkeit, Seriosität oder Sachlichkeit.

Das Aktivierungspotential geht auf drei Reizarten zurück: emotionale, gedankliche und physische Reize. Wer wissen will, wie stark ein Werbemittel aktiviert, sollte diese Reizarten getrennt analysieren.

1.2 Emotionale Reize

Emotional wirkende Reize gehören zum klassischen Instrumentarium der Werbung. Als emotional werden hier solche Reize bezeichnet, die Gefühle oder Motive des Menschen ansprechen. Die grundlegenden Emotionen sind in unseren Erbanlagen verankert. Dies erklärt, warum Menschen auf viele emotionale Reize weitgehend automatisch und ziemlich einheitlich reagieren.

Die folgende Auflistung gibt einen ersten Überblick über emotionale Reizkategorien. Sie soll ein Gespür dafür vermitteln, welche Arten von Reizen als emotional eingestuft werden können:

Angst	**Interesse**
Babys	**Kleinkinder**
Durst	**Liebe**
Erfolg	**Natürlichkeit**
Erotik	**Neugier**
Freiheit	**Prestige**
Freude	**Selbstverwirk-**
Freundschaft	**lichung**
Geborgenheit	**Sicherheit**
Genuß	**(junge) Tiere**
Gesundheit	**Überraschung**
Glück	**Unabhängigkeit**
Hunger	**Vertrautheit**
Individualität	**Zuneigung**

Erotische Reize aktivieren fast immer sehr stark. Sie nutzen sich im Zeitverlauf kaum ab und können deshalb oft wiederholt werden. Erotik muß jedoch zum beworbenen Produkt passen. Sie lenkt sonst ab oder wird als unpassend empfunden. Problematisch wird der Einsatz erotischer Reize z.B. bei technischen Gütern, auch im gesamten Umweltbereich sind sie nur bedingt einsetzbar. Negative Beispiele findet man immer wieder.

Auch die Abbildung von Gesichtern hat emotionale Wirkung. Besonders die Abbildung von Augen aktiviert immer stark. Augen ziehen den Blick des Betrachters fast automatisch an. Dadurch sind sie ein wirksames Instrument, um spontan Aufmerksamkeit auszulösen.

Der Aufkleber aus Hanau (S. 56) verdeutlicht die emotionale Wirkung von Gesichtern, die sogar bei Illustrationen eintritt.

Es ist bekannt, daß das sogenannte „Kindchenschema" ein besonders sicherer Auslöser für Emotionen ist. Aber auch hier gilt: Der Zusammenhang zwischen Motiv und „Produkt" muß nachvollziehbar und akzeptabel sein. Andernfalls muß man mit „Irritationen" und verringerter Kommunikationswirkung rechnen (S. 57).

Welche Reize im Einzelfall besonders stark wirken, hängt von den Zielpersonen ab. Die Broschüre „Kasper und der Müllberg" (S. 57) ist dafür ein Beispiel. Sie wirkt in der Zielgruppe „Kinder" vermutlich stark. Möglicherweise nehmen aber andere Zielgruppen dieses Motiv weniger zur Kenntnis.

„Höhere" Emotionen bzw. Erlebniswerte sind besonderes schwierig einzuschätzen. Ihr Aktivierungspotential hängt in erster Linie davon ab, ob sie den „Nerv" der Zielgruppe treffen.

Dies gilt vor allem für Aktivierung durch Vertrautheit. Vertraute Reize können einen Menschen stark aktivieren. Voraussetzung dafür ist, daß sie für den Betrachter persönlich bedeutsam sind. Auslöser sind in diesem Fall emotionale Vorgänge, z.B. die Freude des Wiedererkennens. Ein Beispiel dafür ist der Broschürentitel mit Sofaabbildung auf S. 53.

Aktivierung durch vertraute Reize ist eine schwierige Technik: Es kommt darauf an, nicht ins Alltägliche, Klischeehafte abzurutschen.

Sicherheit, Liebe, Freiheit, Erfolg sind Beispiele für Emotionen. Emotionale Reize lösen spontan hohe Aufmerksamkeit aus und nutzen sich kaum ab. Welche Reize im Einzelfall besonders stark wirken, hängt von den Zielpersonen ab.

Für den Sperrmüll zu schade...

TANTE HILDES ALTER SESSEL

„Habe heute Stoff gekauft, Schere gewetzt und Tante Hildes alten Clubsessel aufgemöbelt. Jetzt will sie den Sessel wiederhaben. Was nun?" Elke K. aus Bielefeld.

Es gibt noch mehr Möglichkeiten, die Sperrmüllberge zu verringern. Fragen Sie uns, Stadtreinigungsamt, Infotelefon: 0521/513800.

Umwelt schützen | Ihre Stadtverwaltung
Abfall vermeiden | Bielefeld

Erotik muß zum Produkt passen

Erotische Reize können ihre volle Wirkung nur entfalten, wenn sie zu dem beworbenen Produkt passen. Bei „Sperrmüll" sollte man vorsichtig mit diesem Reiz umgehen.

Gesichter aktivieren

Die Abbildung von Gesichtern, speziell von Augen, hat eine emotionale Wirkung, die fast immer stark aktiviert. Augen ziehen den Blick des Betrachters fast automatisch an. Dadurch sind sie ein wirksames Instrument, um spontan Aufmerksamkeit auszulösen.

Liewer jetzt Altglas un Altbabier sammele als später alt aussehe

Hanauer Konzept ABFALLWIRTSCHAFT

Altbekannt: Kinder aktivieren

Das „Kindchenschema" löst starke Emotionen aus. Aber hier gilt: Der Zusammenhang zwischen Motiv und Produkt ist kaum nachvollziehbar und nicht akzeptabel. Das führt zu „Irritationen" und verringerter Kommunikationswirkung.

Viele Reize wirken nur in der Zielgruppe

Der Broschürentitel „ Kasper und der Müllberg" ist ideal für Kinder.

1.3 Durch gedankliche Reize zum Nachdenken

Gedankliche Reize stellen Wahrnehmung und Verständnis vor unerwartete Aufgaben. Das aktiviert den Leser bzw. Betrachter. Beispiele für gedankliche Reize sind:
- Überraschung
- Neuartigkeit
- gedanklicher Konflikt
- Komplexität
- Verfremdung
- Widersprüche zu Bekanntem usw.

Eine bewußte textliche Provokation kann gedanklich aktivieren. Die Headline „Die Stadt Ansbach spinnt" auf der Titelseite einer Boschüre macht neugierig. Auch Bilder, die den Betrachter überraschen, ihn vor unerwartete „Seh-Aufgaben" stellen, haben gedankliches Aktivierungspotential. Dies gilt sicher für den Handzettel „Hamburger! Macht 'ne Mülldiät" (S. 61).

Am stärksten wirken Bilder, die einen gewissen Anteil an Vertrautem enthalten. Die Kunst besteht darin, vertraute Dinge auf neuartige, überraschende Weise zu vermitteln.

Gedankliche Reize wirken nicht so spontan wie emotionale Reize. Im Durchschnitt wirken sie auch schwächer. Außerdem nutzen sie sich relativ schnell ab. Wer gedankliche Reize längerfristig einsetzen will, sollte eine große Zahl von Motiven in Reserve haben.

Gedankliche Aktivierung durch „Verfremdung"

Bilder, die den Betrachter überraschen, ihn vor unerwartete „Seh-Aufgaben" stellen, haben gedankliches Aktivierungspotential. Am stärksten wirken Bilder, die einen gewissen Anteil an Vertrautem enthalten. Es kommt also nicht darauf an, etwas völlig Neuartiges darzustellen. Die Kunst besteht vielmehr darin, vertraute Dinge auf neuartige, überraschende Weise zu vermitteln.

Gedanklich wirken Bilder oder Wörter, die Verwunderung auslösen, zum Nachdenken bringen oder auch Widerspruch provozieren. Gedankliche Reize aktivieren nicht so spontan wie Emotionen.

1.4 Physische Reize

Physische Reize lösen keine emotionalen Reaktionen aus. Sie bringen niemand zum Nachdenken. Sie sichern sich Aufmerksamkeit, indem sie einfach unübersehbar sind. Drei Gruppen von Eigenschaften können dafür sorgen, daß ein Werbemedium unübersehbar wird:

- Farbe, Buntheit
- Größe
- Kontrast, Klarheit, Prägnanz

Farbe und Buntheit

Großflächige, satte Farben wirken aktivierend. Ein Werbemittel, das sogar ganz in einem einzigen Farbton gestaltet ist, fällt fast automatisch auf. Auch die plakative Kombination mehrerer Farbtöne – bis hin zur Buntheit – wirkt aktivierend. Die einzelnen Farbtöne aktivieren unterschiedlich stark: Die Farben des Rot-Gelb-Bereichs aktivieren am stärksten. Grün wirkt mittelstark. Farbtöne des Blau-Bereichs haben das geringste Aktivierungspotential.

Größe (auf Anzeigen bezogen)

Je größer eine Anzeige, desto größer das Aktivierungspotential. Aber man kann keine klare Empfehlung für die wirtschaftliche Anzeigengröße geben. Der Grund: Wenn man die Größe einer Anzeige ändert, ändert sich in vielen Fällen der Gesamteindruck der Anzeige.

Neben der Größe der Gesamtanzeige gibt es zwei andere Größenvariablen, deren Einfluß leider oft übersehen wird:

Die Größe der zentralen Abbildung im Verhältnis zum Text und die Größe des Bildausschnitts. Es gilt: Je größer die Abbildung im Verhältnis zum Text, desto größer das Aktivierungspotential.

Fast noch wichtiger ist die Wahl des Bildausschnitts: Je größer der Bildausschnitt, desto größer das Aktivierungspotential. Nahaufnahmen werden besser wahrgenommen. Manchmal ist es sogar sinnvoll, Gegenstände übernatürlich groß darzustellen. Die Titelseite des ZAW Donau-Wald (S. 62) demonstriert dies. Eine gute Lösung, um dem Müllproblem die nötige Bedeutung zu verleihen.

„Gestalten Sie Ihre Illustration so einfach wie möglich und rücken Sie eine Person in den Mittelpunkt des Interesses. Menschenansammlungen ziehen nicht", sagte D. Ogilvy, ein bekannter Werber.

Der Aufkleber „Einfach anfangen" aus Köln (S. 65) belegt dies.

Wer ein hohes Aktivierungspotential anstrebt, sollte einen möglichst großen Bildausschnitt wählen. Großaufnahmen sind deutlicher, die einzelnen Elemente können stärker wirken. Die Anzeige „Kompost plus" (S. 67) ist in diesem Sinne besser.

Kontrast, Klarheit, Prägnanz

Der Aufkleber „Spartonne" (S. 64) ist kontrastreich und hat eine hohe Prägnanz.

Eine Abbildung ist prägnant, wenn sie folgende Anforderungen erfüllt:
■ Sie muß sich klar vom Hintergrund abheben (hoher Figur/Grund-Kontrast).
■ Sie muß in sich „geschlossen" wirken. Dann ist sie schnell zu erkennen.

Vorteile und Probleme physischer Reize

Physische Reize haben gegenüber emotionalen und gedanklichen Reizen einen wesentlichen Vorteil: Sie wirken auf fast alle Menschen und passen zu fast jedem Produkt. Aber ihre Wirkung ist erheblich schwieriger

Textliche Provokation zur Aktivierung

Gedankliche Aktivierung durch Verfremdung

Starke Prägnanz durch Reduktion

einzuschätzen als die Wirkung emotionaler Reize. Die Farbe Rot signalisiert Blut oder Gefahr und stoppt den Menschen. Den wenigsten Menschen wird dies im Alltag bewußt. Man muß sich deshalb immer wieder klarmachen, daß die physischen Reize stark wirken. Ob ein Werbemedium den flüchtigen Leser stoppen kann, ist sehr oft von seinen physischen Qualitäten abhängig. Weniger vom emotionalen oder gedanklichen Inhalt. Man sollte deshalb den physischen Reizen Farbe, Größe und Prägnanz besondere Beachtung schenken: Der Aufkleber „Spartonne" verdeutlicht die Problematik am Beispiel Prägnanz.

Achten Sie deshalb ganz besonders auf die Prägnanz. Die Wirkung auf den Betrachter darf sich nicht allmählich aufbauen. Das Bild/die Abbildung muß „wie ein Blitz einschlagen". Deshalb sind auch mit Weichzeichner und ähnlichen Techniken gestaltete Fotos und Abbildungen nur selten (z.B. für Kosmetik) sinnvoll.

Farben täuschen

Oft ist es schwierig zu beurteilen, ob ein farbiges Bild hinreichend kontrastreich ist. Die verschiedenen Farben täuschen über den tatsächlichen Kontrast der einzelnen Elemente. Um den Kontrast zu prüfen, sollte man ein Bild in einer Schwarzweiß-Version ansehen. Im einfachsten Fall genügt es, auf einem Kopiergerät eine Schwarzweiß-Kopie herzustellen.

Größe und Farbe sind physische Reize. Ihr Vorteil gegenüber emotionalen und gedanklichen Reizen: Sie wirken auf fast alle Menschen. Anzeigen, die emotionale, gedankliche und physische Reize kombinieren, wirken besonders stark. (vgl. Abb. ZAW Donau-Wald, S. 62) Physische Reize wirken in einer Vielzahl von Situationen, vor allem auch weitgehend unabhängig von der jeweiligen Zielgruppe. Darin liegt ein wesentlicher Vorteil gegenüber emotionalen und gedanklichen Reizen.

Menschen aktivieren (vgl. Abb. „Einfach anfangen")

Konzentration auf das Wesentliche (vgl. Abb. „Kompost plus") Wer hohes Aktivierungspotential anstrebt, sollte einen möglichst großen Bildausschnitt wählen. Großaufnahmen sind deutlicher, die einzelnen Elemente können stärker wirken.

Prägnanz ist wichtig (vgl. Abb. „Spartonne") Nicht allein der Inhalt eines Bildes bestimmt sein Aktivierungspotential. Es kommt ganz entscheidend auf die formale Umsetzung an.

1.5 Die Rolle der Eigenständigkeit

Sehr kreative Leistungen sind selten. Viele Konzeptionen folgen aktuellen Trends. Eigenständigkeit im Vergleich zu anderen Werbemitteln ist eine wichtige Voraussetzung für starke Aktivierung. Wer sich – aus wel-

NUR 80 LITER SPAR-TONNE

Gelungene formale Umsetzung

chen Gründen auch immer – an andere Werbemittel „anlehnt", ohne für die gleiche „Sache" zu werben, verzichtet auf Aktivierung und schnelle Identifikation. Der Broschürentitel des Landkreises Rastatt (S. 68) ist in dieser Hinsicht problematisch. Nur weil ein Fuchs in der illustrativen Form sympathisch wirkt, sollte man ihn nicht für seine Zwecke einsetzen, wenn er werblich bereits besetzt ist (Schwäbisch Hall).

Wer sich an andere Konzepte anlehnt, verzichtet auf Aktivierung und schnelle Identifikation.

Eigenständigkeit (Originalität) ist eine wichtige Voraussetzung für starke Aktivierung. Wer sich, aus welchen Gründen auch immer, an andere Werbemittel „anlehnt", riskiert, verwechselt zu werden.

2. Bilder aktivieren

Ein Werbemittel aktiviert durch die Elemente, die der Betrachter in der ersten Sekunde sieht. Das sind fast immer Bilder. Folglich bestimmen Bilder am stärksten das Aktivierungspotential.

In zweiter Linie spielt die Headline eine Rolle. Der Fließtext hat auf das Aktivierungspotential keinen Einfluß. Die folgenden Fragen beziehen sich deshalb nur auf Bild und Headline.

Wer sich nur für die Aktivierungsstärke interessiert, kann sich auf eine gefühlsmäßige Einschätzung beschränken. Wer jedoch die Verbesserungsmöglichkeiten erkennen will, sollte mehrere Einzelfragen stellen.

(Diese und alle weiteren Fragen sollen sensibilisieren, auf mögliche Probleme aufmerksam machen. Die bei jeder Frage stehende Numerierung bezieht sich auf die Zusammenstellung der Fragen im „Kleinen Werbemitteltest" (ab S. 101). Die Kennzeichnung soll das gezielte Suchen einzelner Fragen im Text erleichtern.)

Frage 10: Wie stark aktiviert das Bild emotional?

Emotional wirken Bilder, die folgende Inhalte vermitteln: Erfolg, Angst, Unabhängigkeit, Liebe, Glück, Freundschaft usw. Emotional wirken auch grundlegende „biologische" Reize, z.B. Abbildungen von Gesichtern, Kindern, Essen und Trinken.

Frage 11: Wie stark aktiviert das Bild gedanklich?

Gedanklich wirken Bilder mit folgenden Eigenschaften: neuartig, überraschend, komplex, provokativ, ungewöhnlich usw.

Die beiden folgenden Fragen messen das physische Potential von Bildern.

Frage 12: Ist das Bild kontrastreich, klar und prägnant?

Ein Bild ist prägnant, wenn es sich klar vom Hintergrund abhebt und in sich „geschlossen" ist.

Frage 13: Aktiviert das Bild durch Größe, Buntheit, großflächige Farben usw.?

Das Aktivierungspotential läßt sich jedoch nur relativ beurteilen. Deshalb empfiehlt es sich, Anzeigen der Unternehmens- und der Medienkonkurrenz zu berücksichtigen. Motive, die in einem bestimmten Medium schwach wirken, können in einem anderen Umfeld durchaus starke Wirkung entfalten.

Bei der Einschätzung des Aktivierungspotentials kann es erhebliche Differenzen zwischen verschiedenen Personen geben. Das wird sich nie vermeiden lassen. Die Unterteilung in drei Reizarten – emotional, gedanklich, physisch – hat sich aber als hilfreich erwiesen. Sie führt zu einer Versachlichung von Diskussionen. Die Einschätzung des Aktivierungspotentials kann durch ein spezielles Instrument ergänzt und abgesichert werden: Das sogenannte Aktivierungsprofil (s. Frage 14 des „Kleinen Werbemitteltests", ab S. 101).

Bilder spielen eine zentrale Rolle für das Aktivierungspotential von Werbemitteln. Deshalb ist es sehr wichtig, sich intensiv mit den aktivierenden Wirkungen von Bildern zu beschäftigen.
Die Beurteilung des Aktivierungspotentials von Bildern sollte man schrittweise vornehmen. Schätzen Sie das emotionale, gedankliche und physische Potential der Bilder!

3. Aktivierung durch Headlines

Neben Bildern bestimmen Form und Inhalt der Headline das Aktivierungspotential von Werbemitteln. Insbesondere, wenn ein Werbemittel kein oder nur ein kleines Bild enthält. Den größten Anteil am Aktivierungspotential hat dann die physische Reizqualität der Headline: Wie auffällig ist die Headline? Es hat sich bewährt, das physische Potential durch zwei Fragen zu prüfen:

Frage 15: Aktiviert die Headline durch besonders große Schrift, farbige Schrift, auffällige Schriftart?

Frage 16: Hebt sich die Headline kontrastreich, klar und prägnant vom Hintergrund und sonstigen Inhalt ab?

Sie können sehen, wie Pflanzen wachsen.

Wer die Headline auffällig gestaltet, erzielt oft zwei positive Effekte: Das Aktivierungspotential von Headline und gesamtem Werbemittel steigt. Darüber hinaus „zwingt" eine groß gestaltete Headline aus Platzgründen zur Beschränkung auf das Wesentliche. Das ist förderlich für die Aufnahme und Speicherung der Informationen. Beispiel: „Ex und ..."

Auch emotionale Wörter beeinflussen das Aktivierungspotential. Sie müssen aber sehr schnell erkennbar sein. Sie müssen gut plaziert und/oder auffällig gestaltet sein. Die nächste Frage sollte man daher nur bei Headlines stellen, die sehr auffällig sind.

Frage 17: Wie stark aktiviert die Headline emotional?

Verwendung von typisch emotionalen Wörtern: Freundschaft, Vertrauen, Liebe, Glück, Angst, Sicherheit, usw. Auch Reizwörter, Schlüsselwörter oder Schlagwörter können emotional aktivieren. Positiv: Geld, Sieg, Frieden usw. Negativ: Aids, Krebs, Krieg, Atom, Skandal usw. Die Schlagzeilen der Boulevard-Presse liefern täglich neue Beispiele.

Headlines aktivieren am ehesten durch ihre physischen Qualitäten: große, bunte Schrift usw. Emotionale Wörter wirken nur, wenn sie sehr schnell gelesen werden können. Gedankliche Reize wie Wortspiele, Rätsel usw. wirken zu langsam, um zu aktivieren.

*Auffällige Headline – zwei Vorteile:
Das Aktivierungspotential von Headline
und dem gesamten Werbemittel steigt.
Eine groß gestaltete Headline „zwingt"
aus Platzgründen zur Beschränkung auf
das Wesentliche. Das ist förderlich für
die Aufnahme und Speicherung der
Informationen.*

Die Aufnahme

1. Informationsaufnahme und Blickverhalten

Der Mensch hat subjektiv den Eindruck, daß er kontinuierlich sieht. Tatsächlich bewegen sich die Augen jedoch sprungweise. Aber es gibt noch eine weitere Einschränkung: Richtig scharf sehen können Menschen nur in einem Bereich von etwa 2 Grad um die Sehachse. Unsere Kapazität zur Aufnahme visueller Informationen ist also klar beschränkt. Diese Tatsache sollte man sich bei der Gestaltung und Prüfung von Werbemitteln immer wieder bewußt machen.

Die Reihenfolge der Informationsaufnahme wird durch den erwarteten Informationswert der einzelnen Elemente bestimmt. Das Auge sucht das Interessanteste, das Wichtigste. Optisch auffällige Elemente werden vor unauffälligen Elementen betrachtet. Auffällig sind große, bunte, zentral plazierte Elemente sowie Elemente mit hohem Kontrast zum Hintergrund. Eine weitere Erfahrung: Bedingt durch unsere Lesegewohnheiten bewegt sich das Auge am liebsten nach rechts und nach unten.

Besonders deutlich findet man immer wieder die Bevorzugung von Bildern. Dies sollte Konsequenzen für die Gestaltung haben.

Die Methode der „Blickaufzeichnung" ist das einzige Verfahren, um zuverlässig festzustellen, welche Informationen durch das Auge aufgenommen werden. Das Verfahren braucht Zeit und Geld. Wenn man Werbemittel auf Verbesserungsmöglichkeiten prüfen will, ist es nicht unbedingt nötig, den Blickverlauf zu messen. In vielen Fällen reicht es völlig aus, eine Reihe von Fragen an das Werbemittel zu stellen.

Die visuelle Aufnahmefähigkeit ist der Engpaß für die Werbung. Wer schnell informieren will, sollte Bilder verwenden. Bilder werden fast immer zuerst betrachtet.

2. Die Aufnahme des Bildes

Frage 21: Gibt es innerhalb des Bildes Elemente oder Teilbereiche, die von den Schlüsselelementen ablenken können?

Beispiel: Auf der Titelseite der Stolberger Broschüre (S. 72) ist mit Ablenkungseffekten zu rechnen.

Nicht nur der Hintergrund kann ablenken. Eine besondere Gefahr sind inhaltlich nebensächliche Bildelemente, die dem Produkt aber optisch „gleichgeordnet" sind. Konsequenz: Bilder müssen – genau wie Texte – redigiert werden. Vermeiden Sie bei der Bildgestaltung, daß weniger wichtige Elemente Aufmerksamkeit auf sich ziehen. Das optische Gewicht der einzelnen Bildelemente sollte genau ihre unterschiedliche inhaltliche Wich-

VERSCHMIERTE UMWELT
ALTÖL
Gefahr für Wasser und Boden

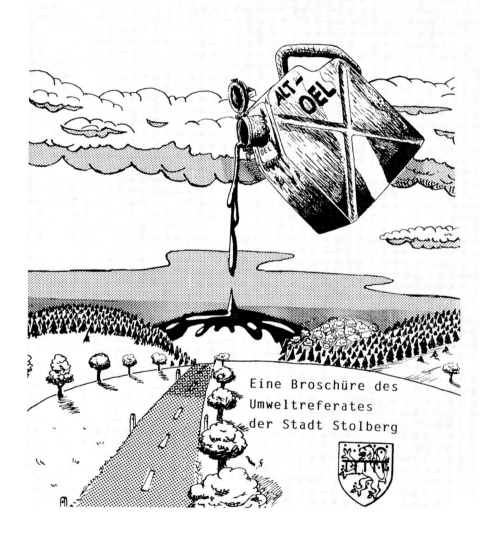

Eine Broschüre des Umweltreferates der Stadt Stolberg

tigkeit widerspiegeln. Ein guter Hintergrund sollte so gestaltet sein, daß er ohne besondere Aufmerksamkeit wahrgenommen werden kann. Er darf nicht vom eigentlichen Bildelement ablenken.

Beispiel: „Verschmierte Umwelt" (S. 72) Der Hintergrund lenkt zu stark ab, die „Botschaft" hat es schwer. Schon auf dem Titel muß sie sich gegen eine Menge „visueller Wettbewerber" im Hintergrund durchsetzen. Viele Leser betrachten nämlich auch unwesentliche Details. Dadurch wird Aufmerksamkeit von der eigentlichen Botschaft abgezogen.

Der Mensch läßt sich sehr leicht durch Nebensächlichkeiten ablenken. Deshalb sollte bei der Bildgestaltung vermieden werden, daß weniger wichtige Elemente Aufmerksamkeit auf sich ziehen. Das optische Gewicht der einzelnen Bildelemente sollte ihre unterschiedliche inhaltliche Wichtigkeit widerspiegeln.

3. Die Aufnahme der Headline

Wer sich mit einer Headline beschäftigt, liest sie, wenn sie nicht zu lang ist, vollständig. Das heißt nicht, daß es egal ist, wie man die Headline gestaltet. Im Gegenteil: Man sollte besonders viel Mühe investieren, damit die Headline möglichst einfach gelesen werden kann. Damit steigt die Chance, daß der Leser sich auch mit weiteren Elementen beschäftigt.

Eine ganz wichtige Voraussetzung der Headline ist gute Lesbarkeit. Deshalb sollte man fragen:

Frage 22: Ist die Schrift der Headline leicht lesbar?

Beispiele:

> Schrift ist schwer lesbar, wenn ihre Farbe einen zu geringen Kontrast zum Untergrund hat.

Der Hell-Dunkel-Kontrast zwischen Schriftfarbe und Untergrundfarbe sollte nicht zu gering sein.

> Schrift ist schwer lesbar, wenn sie negativ (hell auf dunklem Grund) erscheint.

Dies ist vermutlich auf mangelnde Gewöhnung an Negativschrift zurückzuführen. Besondere Bedeutung hat diese Empfehlung bei längeren Texten. Aber auch bei Headlines sollte man sie beachten.

Natürlich wird es Fälle geben, in denen man aus guten Gründen Negativschrift verwendet. Mit einer weißen Schrift kann man z.B. „Leichtigkeit", „Reinheit" usw. vermitteln. Man sollte sich aber immer bewußt sein, daß Negativschrift eine Bremse für die Lesbarkeit ist. Sie sollte deshalb nur wenig und wohlbegründet eingesetzt werden.

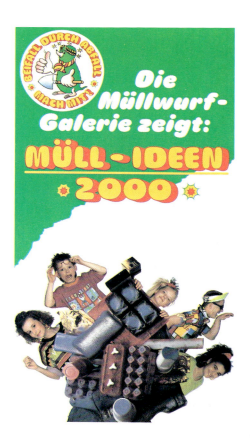

Beispiel: „Müllwurf-Galerie"

Schrift ist schwer lesbar, wenn seltene Schrifttypen verwendet werden.

Wer gelesen werden will, sollte sich auf gängige Schriftarten beschränken. Das gilt besonders für längere Texte, aber natürlich auch für die Headline. Man sollte bei der Headline keine Reibungsverluste in Kauf nehmen. Und seien sie noch so gering. Die Zahl der kleinen Fehler addiert sich sehr schnell. Es ist schon problematisch, Kursiv-Schrift (Schräg-Schrift) zu verwenden. Kursiv verlangsamt das Lesetempo. Bei ganzen Sätzen hemmt es den Lesefluß. Aber: Kursiv kann zur Betonung einzelner Wörter nützlich sein.

SCHRIFT IST SCHWER LESBAR, WENN SIE IN GROSSBUCHSTABEN GESETZT IST.

Dies ist eine uralte Erkenntnis von Schriftsetzern. Um so mehr erstaunt es, daß man ständig mit Texten und Headlines in Versalien (Großbuchstaben) konfrontiert wird.
Beispiel: „Abfall-Offensive" (S. 76)
Schrift ist schwer lesbar, wenn sie schräg, gerundet, senkrecht usw. angeordnet ist.
Beispiel: „Weniger Abfall..." (S. 76).

Erstaunlich viele Headlines und Texte sind schlecht lesbar. Schrift in Großbuchstaben ist schwerer lesbar als Schrift in Groß- und Kleinschreibung. Auch Negativschrift und schräge Schriftanordnung erschweren die Lesbarkeit.

4. Die Aufnahme des „Absenders"

Frage 23: Könnte man das Logo/die Marke größer gestalten, ohne den Gesamteindruck des Werbemittels zu zerstören?

Auf der Broschüre „Müll vermeiden" der Stadt Neu-Ulm könnte man das Logo sicher etwas größer abbilden. Es ist auffällig, daß besonders institutionelle Anzeigen bei der Absenderangabe sehr zurückhaltend sind. Positiv ist in dieser Hinsicht die Broschüre des Landkreises Rastatt (S. 79) zu erwähnen: Klar und prägnant, keine störenden Nachbarelemente, ausreichend groß.

Warum diese häufige „Zurückhaltung"? In manchen Fällen dürfte sicher eine gewisse Selbstüberschätzung mitspielen. In anderen Fällen will man bewußt bescheiden auftreten.

Es scheint, daß manche Werber sich freuen, in der institutionellen Werbung endlich einmal zurückhaltend zu wirken. Hier liegt das Mißverständnis vor, daß Imagewerbung oder städtische Informationsschriften nichts verkaufen müssen. Aber: Ist dies Grund genug, schwach wirkende Werbemittel zu gestalten? Auch wenn Kommunen die Absender eines Werbemittels sind, kann Bescheidenheit beim Auftritt ein Fehler sein. Zwar genießen öffentliche Institutionen einen Vertrauensbonus, doch der kann nur wirken, wenn sie auch wahrgenommen werden.

Frage 24: Enthält die Headline den Namen der Marke oder der Institution?

Beispiel: „Der Wertstoffhof – ein Weg zur umweltfreundlichen Entsorgung"

Vier Fünftel aller Leser lesen nur die Schlagzeile. Diese flüchtigen Leser sollten also zumindest erfahren, wer der Absender des Werbemittels ist.

Besonders um die Bekanntheit zu steigern, ist es empfehlenswert, den Namen schon in der Headline zu nennen. In vielen institutionellen Kampagnen ist der Absendername die zentrale Information. In solchen Fällen sollte man den Namen mehrfach erwähnen. Am besten ist es, damit schon in der Headline zu beginnen.

Frage 25: Ist der Absender rechts unten plaziert?

Die meisten Werbetreibenden plazieren die Absenderangabe in die rechte untere Ecke. Viele Leser suchen dort gewohnheitsmäßig nach dem

Namen. Es wäre fahrlässig, dagegen zu verstoßen. Wer bessere Wirkung erzielen will, sollte sich den Gewohnheiten der Menschen anpassen.

Beispiel: Der Landkreis Hameln-Pyrmont (S. 78) geht das unnötige Risiko ein, den Namen nach oben zu schreiben.

Es mag Gründe geben, gegen die Sehgewohnheiten zu verstoßen. In solchen Fällen sollte man das Logo aber durch eine auffällige Gestaltung oder Plazierung „versichern". Dazu die folgende Frage:

Frage 26: Ist der „Absender" hinreichend auffällig gestaltet oder plaziert, um trotzdem beachtet zu werden?

Hinweis: Fragen zum Absender werden nur im Zusammenhang mit der Informationsaufnahme gestellt. Die Prüfung eines Logos auf Verständlichkeit oder Einprägsamkeit ist bei einem einzelnen Werbemittel nicht zweckmäßig. Dies sind Fragen, die grundsätzlich gestellt werden müßten.

Ein guter Platz für den Absender ist die Headline

In vielen institutionellen Kampagnen ist der Name des Absenders die zentrale Information. In solchen Fällen sollte man diesen Namen mehrfach erwähnen. Sinnvoll ist es, wenn es inhaltlich zutrifft, ihn bereits in der Headline zu nennen.

Beispiel: „Saarbrücker Müllfibel"

Der Absender ist eine zentrale Information eines Werbemittels. Deshalb muß er besonders schnell „überkommen". Werbemittel ohne klaren Hinweis auf den Absender müssen mit Aufmerksamkeitsverlusten rechnen. Häufige Fehler: Logo oder Absenderangabe sind schlecht plaziert oder zu klein.

5. Der Fließtext ist oft zu lang

Viele Fließtexte sind ohne Informationsverlust kürzbar. Deshalb sollte man fragen:

Frage 27: Könnte man den Inhalt des Fließtextes mit weniger Wörtern formulieren?

Das Interesse für den Fließtext ist außerordentlich gering. Nur wenige Leser nehmen sich Zeit für den Text. Vor diesem Hintergrund sollte man

Der Wertstoffhof –

ein Weg zur umweltfreund –

lichen Entsorgung

Abfallbroschüre 1991

Weniger Abfall, Mehr Umwelt

Was jeder dafür tun kann

≡ℳ Wuppertal

LANDKREIS HAMELN-PYRMONT

Selbst kompostieren

Ihr wichtiger Beitrag zum Umweltschutz!

jedes überflüssige Wort vermeiden. Selbst wenn man Leser ausdrücklich auffordert, sich intensiv mit Werbemitteln auseinanderzusetzen, verbessert sich die Lage nicht wesentlich. Nur bei Zielpersonen mit hohem Informationsbedürnis ist ein längerer Text sinnvoll.

Frage 28: Wird die Aufnahme des Fließtextes durch gute formale Gestaltung begünstigt?

Absätze bringen Struktur in einen Text und erleichtern schnelles Lesen. Auch Hervorhebungen, Zwischenüberschriften usw. machen dem Leser die Arbeit leichter. Natürlich sollte auch die Schrift des Fließtextes gut lesbar sein. Die ideale Zeilenbreite für schnelles Lesen liegt zwischen 35 und 45 Anschlägen. Der Leser buchstabiert nicht, sondern springt von Wort zu Wort. Gelegentlich rutscht der Blick zum besseren Verständnis in der

Müllvermeidung im Haushalt

Mein Geld war mir für den Müll zu schade...

„Die Geschichte vom Tellerwäscher haben Sie schon millionenfach gehört... Meine Geschichte fing mit der Spartonne an..."

Es gibt viele Möglichkeiten, die Müllberge zu verringern. Fragen Sie das Stadtreinigungsamt, Infotelefon: 05 21 / 51 34 34.

Umwelt schützen | Ihre Stadtverwaltung
Abfall vermeiden | Bielefeld

Zeile zurück. Bei sehr breiten Zeilen wächst die Zahl der Rückgriffe. Zu kurze Zeilen haben zwei wesentliche Nachteile:

Erstens: Das Auge muß zu oft hin- und herspringen. Zweitens: Das Zeilenende zerreißt zu oft Wörter und Sätze. Dadurch wird das Verständnis erschwert. Es kommt zu unschönen Trennungen.

Beispiel: „Mein Geld war mir für den Müll zu schade…" Günstige Plazierung des Textes rechts unten oder neben dem Bild. Diese Plazierung entspricht den Blickgewohnheiten und verlangt vom Betrachter keine großen Anstrengungen.

Fließtexte werden selten gelesen. Viele Texte lassen sich ohne Verlust erheblich kürzen und durch Absätze und Zwischenüberschriften strukturieren. Dann steigt die Lesewahrscheinlichkeit.

6. Die Aufnahme der Gesamtanzeige

Wer wirksam gestalten will, sollte Kreativität in die Idee eines Werbemittels investieren, aber nicht mit dem Layout „herumspielen".

Frage 18: Gibt es Texte, die links neben dem zentralen Bildelement angeordnet sind?

Häufiger als das „Links-rechts-Layout" findet man eine vertikale Anordnung der Anzeigenelemente. Hier sollte man fragen:

Frage 19: Gibt es Texte, die über dem zentralen Bildelement angeordnet sind?

Immer, wenn Text über dem Bild steht, kann es Probleme geben.

Frage 20: Gibt es Bilder (wenn mehrere Einzelabbildungen vorhanden) oder Texte (Textblöcke), auf die man verzichten könnte?

Es ist wenig sinnvoll, Anzeigen bzw. Bilder zu überladen. Wenn zu viele Informationen angeboten werden, verengt sich das Gesichtsfeld.

Überladene Werbemittel ohne klaren visuellen Schwerpunkt finden nur wenige Leser. Gestalter, die darauf bestehen, möglichst viele Elemente in ein Werbemittel zu packen, schaden ihren Klienten. Je mehr einzelne Informationen ein Bild enthält, desto schwerer erinnert sich der Leser an die zentralen Elemente. Wichtig ist eine Reduktion auf das Wesentliche.

Beispiel: Der Broschürentitel „Das umweltfreundliche Haus" der Stadt Grevenbroich.

Die Titelseite ist überladen. Die einzelnen Informationen werden deshalb nicht mehr wahrgenommen.

Headlines, die sich unter dem Bild befinden, werden von mehr Lesern beachtet als Headlines über dem Bild. Ebenso werden Texte und Headlines rechts neben einem Bild häufiger gelesen als links stehende. Es ist gefährlich, Werbemittel mit Elementen zu überladen.

Das umweltfreundliche Haus

STADT GREVENBROICH

Umweltfreundliches Haus der Stadt Grevenbroich

Das Verständnis

1. Informationsverarbeitung und Verständnis

Die Verarbeitung von Informationen läuft in mehreren Stufen ab. Zunächst werden die eingetroffenen Reize entschlüsselt. Ein Wort muß beispielsweise als Markenname erkannt werden, eine Form als Produktabbildung. Diese Informationen werden dann in gedankliche Bezugssysteme eingeordnet.

Durch Vergleich mit gespeicherten Informationen wird nach Sinn und Verständnis gesucht.

Besonders wichtig ist es, die Verarbeitung von Bildern zu prüfen. Werden sie schnell und richtig verstanden?

Die Verarbeitung von Informationen läuft in mehreren Stufen ab. Der Weg zum Verständnis einer Information ist vielschichtig und kompliziert. Je weniger „Umwege" ein Werbemittel macht, desto wirksamer ist es.

2. Das Verständnis des Bildes

Bilder sollten kein Eigenleben führen. In der Werbung sind Bilder ausschließlich Mittel zum Zweck. In diesem Sinne kann man die folgenden Fragen stellen:

Frage 3: Wie sind die Erinnerungen, Eindrücke, Gefühle usw., die durch das Bild ausgelöst werden?

Leider findet man immer wieder Werbemittel, die negative Assoziationen auslösen. Die Abfallfibel auf S. 93 ist ein Beispiel dafür. Die abgebildeten Müllberge schrecken schon im Vorfeld ab.

Bilder sollten Sympathie auslösen. Sie sollten deshalb positive Signale aussenden. Eine erfolgversprechende Gestaltung muß positive Assoziationen auslösen. Dies ist Voraussetzung für eine weitere, intensive Beschäftigung mit dem Medium.

Frage 4: Ist das Bild eigenständig oder ist es so ähnlich wie die Bilder, die Wettbewerber verwenden?

Fehlende Eigenständigkeit schafft auch die Gefahr, daß ein flüchtiger Betrachter Werbemedien verwechselt und falsch zuordnet. Von der Deponie „Vereinigte Ville" sieht man auf der Broschüre nichts als ein austauschbaren Fahrzeug (S. 84).

Frage 6: Ist das Produkt (bzw. die Dienstleistung) so prägnant (klar und deutlich) abgebildet, daß man es sofort erkennen kann?

Bilder müssen helfen, schnell zu kommunizieren. Man muß sie deshalb in Bruchteilen einer Sekunde erkennen und verstehen können.

Die Deponie "Vereinigte Ville"

 Stadt Köln — Der Oberstadtdirektor · Amt für Abfallwirtschaft, Stadtreinigung und Fuhrwesen

Andernfalls haben sie keine Berechtigung. Besonders wichtig ist, daß Schlüsselelemente schnell erkannt werden. Auch der flüchtige Leser darf damit keine Probleme haben. Prägnanz ist eine wichtige Voraussetzung für schnelles Erkennen eines Objektes.

Die vorstehend formulierten Fragen kann man selbst beantworten. Wenn möglich, sollten zusätzlich außerdem einige unbefangene Testpersonen befragt werden.

Ein Bild kann bei kurzer Betrachtung negative Assoziationen auslösen. Beschäftigt man sich über längere Zeit intensiv mit der Gestaltung eines Werbemittels, verliert man die notwendige Unvoreingenommenheit. Die spontanen Gefühle beim ersten Kontakt sind jedoch entscheidend.

Ein Werbemittel sollte in der Regel angenehme Gefühle und Gedanken auslösen.

Bei den gezeigten Müllbergen im Beispiel „Deponie Vereinigte Ville" werden negative Assoziationen geweckt.

Werbemittel müssen eigenständig sein. Fehlende Eigenständigkeit schafft die Gefahr, daß ein flüchtiger Betrachter Werbemittel verwechselt und falsch zuordnet.

Bilder sollten positiv, eigenständig und prägnant sein. Man muß sie in Bruchteilen einer Sekunde erkennen und verstehen können.

3. Das Verständnis der Headline

Die Headline sollte intensiv geprüft werden. In diesem Abschnitt geht es speziell um das Verständnis der Headline.

Frage 7: Kann die Headline (isoliert betrachtet) mißverstanden werden und den Leser in eine völlig falsche Richtung lenken?

Mißverständliche Headlines bedeuten im harmlosesten Fall „Umwege für das Gehirn". Sie können aber auch zur Folge haben, daß man seine Zielgruppe überhaupt nicht erreicht.

Beispiele: „Der Abfall aus dem Paradies" Bei dieser Headline denkt sicher so mancher Leser nicht an Müll.

Um die Ecke denken muß man auch bei der Headline:

„Mit unserem Müll geht es bergauf"

Frage 8: Werden in der Headline „langsame" Formulierungen verwendet?

Langsame Formulierungen sind negative Wörter, wie „ungewöhnlich", „unüblich", „unglücklich" und Passivsätze. Es gibt Headlines, die dem Leser nicht helfen, sondern ihn sogar „auf die falsche Fährte locken".

Beispiel: „Die Müllwurf-Galerie zeigt: Müll-Ideen 2000". Man könnte auch glauben, daß es sich hier um schlechte Ideen handelt.

Umweltschutz in Ettlingen -
was jeder von uns tun kann... ... auch Du !!!

DIE UMWELTSCHUTZ - SERIE FÜR ALLE ETTLINGER !

**Mach mit - der Umwelt zuliebe -
Umweltschutz in Ettlingen**

Umweltschutz im Haushalt
Was ist zu tun?

Einige Tips zum Umweltschutz - Machen Sie mit :

1. Kaufen Sie umweltbewußt ein. Achten Sie auf den "Blauen Umweltengel"; keine Produkte mit unnötig aufwendigen Verpackungen kaufen.
2. Pfand- oder Mehrwegflaschen bevorzugen- denn "Einweg ist Irrweg".
3. Beim Einkaufen einen Korb oder eine Umwelttasche benutzen, dann benötigt man nicht immer eine Plastiktüte.
4. **Abfälle sorgfältig trennen und sachgerecht entsorgen** :
Grüne Tonne (Wertstoffe); Graue Tonne (Reststoffe);
Kompost (organische Abfälle); Schadstoffe (Problemmüll);
5. Produkte aufbrauchen, reparieren, mehrmals verwenden oder anderen weitergeben ist besser als gleich auf den Müll zu werfen !
6. Chemikalien, Reiniger und andere scharfe Haushaltsmittel vermeiden. Es gibt genauso gute, **umweltfreundliche Alternativen** : wie z.B. die Saugglocke, Essig und Schmierseife !
7. Darauf achten, daß nicht unnötig Wasser und Energie verschwendet wird. Es genügt oft eine Handbewegung um zu sparen !
8. Für kurze Strecken braucht man kein Auto. Möglichst oft das Fahrrad oder öffentliche Verkehrsmittel benutzen. Neuwagen nur mit Katalysator kaufen, alte Autos nachrüsten und auf jeden Fall bleifreies Benzin benutzen!
9. Aluminiumteile (wie Joghurtdeckel) und Styropor getrennt sammeln und bei den örtlichen Sammelstellen abgeben (siehe MÜLL-ABC) !
10. Keine Spraydosen mit FCKW verwenden - besser sind Pumpzerstäuber, Deo-Stifte oder Sprays ohne FCKW (auf den Aufdruck achten) !
11. Benutzen Sie das graue Umweltschutzpapier sowie Blei- und Buntstifte. Weißes Papier und Filzstifte schaden Ihnen und der Umwelt !
12. Halten Sie Ihren Müll frei von Schadstoffen (= Schadstoffsammlung)
13. Machen Sie Ihre Blumenerde selbst, kompostieren Sie Ihre "grünen" Abfälle
14. **Die Abfall-Grundsätze:**
   1. Abfälle versuchen zu vermeiden
   2. Wenn Abfälle trotzdem entstehen versuchen der Wiederverwertung zuzuführen (z.B. grüne Tonne oder Kompost)
   3. Schadstoffe und Reststoffe sachgerecht entsorgen (z.B. Schadstoffsammlung oder graue Tonne)

Vom richtigen Umgang mit Abfall:
Vermeiden, Vorsortieren und Wiederverwerten sollten heute selbstverständlich sein.

Eine Headline muß für sich allein verständlich sein. Sie sollte umständliche Formulierungen wie z.B. Wörter, die mit „un...." beginnen, oder Passivsätze nicht enthalten.

4. Das Verständnis des Fließtextes

Der Fließtext ist für den Leser der anstrengendste Teil des Werbemittels. Er hat die Bilder betrachtet. Auch mit der Headline hat er sich beschäftigt und sie hoffentlich richtig verstanden. Doch beim Fließtext müssen Auge und Gehirn Schwerarbeit leisten. Nur ein interessanter und verständlicher Fließtext nützt dem Betrachter und damit Ihnen. Es gibt eine einfache Methode, verständliche Texte zu schreiben: kurze Sätze. Deshalb die folgende Frage:

Frage 9: Wieviele Sätze des Fließtextes haben mehr als 15 Wörter?

Die folgende Aufstellung wird von den meisten Sprachforschern akzeptiert:

Durchschnittliche Satzlänge in Wörtern:
Sehr leicht verständlich .... 1 bis 13 Wörter
Leicht verständlich ...... 14 bis 18 Wörter
Verständlich ...... 19 bis 25 Wörter
Schwer verständlich ...... 25 bis 30 Wörter
Sehr schwer verständlich .... über 30 Wörter

Nach dieser Tabelle kann jeder selbst entscheiden, wie er schreiben will. Wir sind der Auffassung, daß man in Werbemitteln mit 15 Wörtern pro Satz auskommen sollte. (Der vorhergehende Satz hat übrigens genau 15 Wörter).

Es gibt eine einfache Methode, verständliche Texte zu schreiben: kurze Sätze. 15 Wörter pro Satz sind eine sinnvolle Obergrenze.

5. Das Verständnis des gesamten Werbemittels

Frage 1: Kann man innerhalb von 2 Sekunden verstehen, was das Werbemittel aussagen soll?

Wichtige Voraussetzung für schnelles Verständnis ist die Beschränkung auf eine zentrale Information (USP). Es gibt kaum eine Kommunikations-Regel, über die so große Einigkeit herrscht. Dennoch wird häufig dagegen verstoßen. Bild und Headline beeinflussen sich gegenseitig und damit das Verständnis des gesamten Werbemittels. Eine aussagefähige Headline kann ein schwer verständliches Bild „wettmachen"; eine schwer verständliche Headline ist akzeptabel, wenn das Bild schon alles „gesagt" hat. Problematisch sind aber Fälle, in denen Bild und Headline unterschiedliche Botschaften enthalten.

Beispiel: Auf S. 86 finden Sie einen Handzettel der Stadtwerke Ettlingen. Was ist die zentrale Botschaft des Handzettels? In der Ecke rechts unten wird das Rätsel aufgelöst.

Frage 2: Gibt es zwischen Bild und Text möglicherweise Widersprüche?

Beispiele: Auf einem Aufkleber der AGR ist eine geöffnete Mülltonne abgebildet, aber in der Headline heißt es „Bitte nicht hier hinein!"

Auf einem Faltblatt der Stadt Weinheim steht „Abfallkonzept der Stadt Weinheim", abgebildet ist ein riesiger, mit Müll gefüllter Hamburger. Das ist nicht das Konzept?

Auch der Handzettel aus Ettlingen benutzt eine Reihe – zu kleiner – Bilder, die sowohl inhaltlich als auch räumlich, nicht in direktem Zusammenhang mit dem Text stehen.

Wirksame Anzeigen oder Titelseiten sonstiger Werbemedien sollten ihre Botschaft in 2 Sekunden verständlich machen. Das ist möglich. Strategien: Visualisierung und Beschränkung auf eine zentrale Information.

Das Erinnern

1. Die Speicherung von Informationen

Eine Information muß in den Langzeitspeicher des Gedächtnisses gelangen, um zu wirken. Nur so hat sie eine Chance, bei Entscheidungsprozessen berücksichtigt zu werden. Es sollte deshalb geprüft werden: Haben die Informationen eines Mediums gute Voraussetzungen, behalten zu werden? Will man das, was behalten wird, nicht dem Zufall überlassen, sollte man die biologisch programmierten Verhaltensmuster nutzen!

Diese sind:
- Bilder werden besser behalten als Wörter.
- Konkrete Wörter werden besser behalten als abstrakte.
- Interessante (aktivierende) Informationen werden besser behalten als langweilige.
- Wenige Informationen werden besser behalten als viele.

Die Informationen eines Werbemittels müssen sich auf ein Ziel konzentrieren: Sie sollen behalten werden. Gut geeignet sind: interessante und knappe Informationen, Bilder und konkrete Wörter.

2. Die Speicherung des Bildes

Nicht jedes Bild ersetzt 1000 Wörter. Es ist nicht damit getan, irgendwelche Bilder einzusetzen. Ein erfolgversprechendes Bild muß die zentrale Botschaft visuell umsetzen.

Frage 30: Zeigt das Bild den Produktnutzen/Produktvorteil (auch Zusatznutzen) oder eine vergleichbare zentrale Information?

Ein altes und ganz einfaches Verfahren ist folgendes: Entfernen oder verdecken Sie den Text eines Werbemittels: Wird die angestrebte Kommunikationswirkung noch erreicht? Diese Prüfung wird, obwohl sehr hilfreich, selten angewendet. Viel-

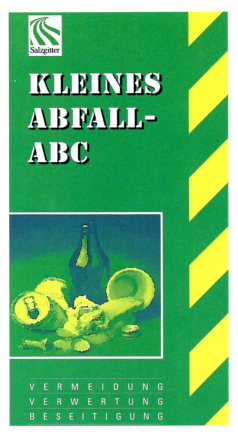

leicht, weil viele Werbemittel durchfallen würden?

Erfreulicherweise gibt es immer wieder Werbemittel, die durch gute Visualisierung der zentralen Botschaft auffallen. Ein erstes Beispiel ist das Faltblatt „Müll zerstört" des Landkreises Berchtesgadener Land (S. 89). Hier wird Müll nicht zur Illustration einer Deponie gezeigt, sondern zur Warnung. Ähnlich verfährt die Stadt Bühl in einer sehenswerten Broschüre (S. 90).

Die Erinnerung an Bilder ist erstaunlich stark, deshalb sollte man in Werbemitteln möglichst Bilder verwenden. Es geht viel öfter als man denkt.

Frage 31: Kann man den Inhalt des Bildes mit einem nicht zu langen Satz (max. 15 Wörter) vollständig beschreiben? (Ist das Bild konkret und nicht zu komplex?)

Bilder erzielen grundsätzlich hohe Erinnerungswerte. Je konkreter ein Bild, desto besser die Erinnerung. Besonders erfolgreich sind Bilder die den Nutzen visualisieren.

Beispiele: Der Broschürentitel „Müll zerstört" ist eine gelungene Visualisierung des Müllproblems.

Eine kreative Umsetzung ist auch die Titelseite „Damit wir nicht im Müll ersticken" (S. 90). Der bedrohliche Müllberg wird mit Hilfe eines Überdeckers tatsächlich über die Stadt gelegt. Dank des neuen Abfall-Konzeptes verschwindet er.

„Jetzt rollen wir an" (S. 91) zeigt konkrete Bilder. Konkrete Bilder werden leichter gelernt und besser Behalten als abstrakte Motive. Auch wenn diese beiden Tonnen nicht besonders reizvoll aussehen – jeder weiß sofort worum es geht.

Das „Kleine Abfall-ABC" zeigt dagegen ein abstraktes Bild. Vermeiden Sie abstrakte Bilder! Auch fast abstrakte Bildmotive oder sich auflösende Formen sind lernpsychologisch nicht zu empfehlen.

3. Die Speicherung von Headline und Fließtext

Je stärker nutzenorientiert eine Headline ist, desto besser sind die Voraussetzungen, daß sie gelernt und behalten wird.

Frage 32: Weist die Headline auf einen Nutzen (auch Zusatz-Nutzen) für den Kunden hin?

Die Gründe für den Erfolg nutzenorientierter Headlines liegen auf der Hand. Informationen über mögliche persönliche Vorteile sind für die meisten Menschen einfach interessant. Bücher, die irgendeine Art von Erfolg versprechen, sind dafür ein eindrucksvolles Beispiel. Ob es darum geht, wie man in drei Wochen eine Million verdient, oder nur darum, wie man ein paar Mark Steuern sparen kann. Deshalb kann man auch für die Werbung empfehlen: Wer schnell hohe Erinnerungswerte erzielen will,

sollte einen Nutzen versprechen.
Beispiel: „Weniger Abfall, mehr Umwelt" (S. 78)

Frage 33: Ist die Headline konkret, anschaulich, bildhaft formuliert?

Je konkreter eine Headline, desto besser wird sie behalten. Abstrakte Headlines sind schwer zu behalten. (Beispiele für konkrete und abstrakte Wörter finden Sie im Anschluß.)

Die Forderung nach konkreten Formulierungen gilt natürlich auch für den Fließtext.

Beispiel: Damit wir nicht im Müll ersticken

Frage 34: Werden im Fließtext eher konkrete oder eher abstrakte Wörter verwendet?

Zunächst eine Auswahl abstrakter Wörter:

Anerkennung, Bedeutung, Begriff, Bewußtsein, Dimension, Eigenschaft, Einschätzung, Gelassenheit, Idee, Niveau, Prinzip, Recht, Tendenz, Treue, Verantwortung, Vollkommenheit, Wahrheit, Wert, Zeit, Zufall, Zukunft, ästhetisch, beträchtlich, demokratisch, etabliert, extrem, funktionell, himmlisch, ideal, nobel, perfekt, sozial, speziell, systematisch, total, traditionell, typisch, ursprünglich, wahr, analysieren, auskommen, dokumentieren, sich eignen, entsprechen, erweisen, kalkulieren, motivieren, sich rentieren, übertragen, unterbleiben, verallgemeinern, verfahren, voraussetzen.

Hier Beispiele für konkrete Wörter: Abfall, Bauch, Diamant, Elefant, Kuß, Mutter, Pudding, Schmutz, Uhr, Vulkan, bitter, doppelt, frech, geräumig, kräftig, kühl, leise, neu, quadratisch, rhythmisch, sauber, sichtbar, sonnig, steil, still, weich, würzig, zart, atmen, backen, berichten, brennen, entdecken, finden, fühlen, helfen, herstellen, kaufen, küssen, lachen, messen, mischen, probieren, reisen, rosten, schweigen, schwimmen, sparen, strahlen, träumen, zerreißen

Vielleicht sind Ihnen beim Lesen der konkreten Wörter spontan einige Werbemittel eingefallen, in denen diese Wörter vorkommen. Das ist ein Zeichen für die hohe Erinnerungswirkung konkreter Wörter.

Vermeiden Sie abstrakte Formulierungen. Je konkreter Headline oder Fließtext sind, desto höher ist die Erinnerung. Es hilft, den Nutzen in der Headline zu nennen.

4. Die Speicherung der „Gesamtanzeige"

Frage 29: Unterstützen sich Bild und Headline gegenseitig? Zeigt das Bild, was die Headline sagt? Greift die Headline auf, was das Bild zeigt?

Ein gutes Zusammenspiel von Bild und Headline ist nichts anderes als eine Wiederholung. Wiederholung ist

Für ein neues Verständnis im Umgang mit dem Müll

die Grundlage allen erfolgreichen Lernens.

Das Bild zeigt, was der Text sagt – der Text greift auf, was das Bild zeigt. Wenn Bild und Text sich gegenseitig unterstützen, werden Informationsverarbeitung und -Speicherung und damit die Erinne-rungsleistung gefördert.

Beispiel: Der Broschürentitel des Umlandverbandes Rhein-Main „Abfall ist kein Müll" (S. 95) Abfall ist kein Müll, sondern kann z.B. ein Kunstwerk sein. Ein gelungenes Zusammenspiel von Text und Bild erhöht die Erinnerungsleistung.

Die Headline muß dasselbe Versprechen signalisieren wie das Bild. Wenn Bild und Text sich gegenseitig unterstützen, werden Verarbeitung und Speicherung der Informationen „tiefer".

Die Einstellungsveränderung

1. Ziel: Einstellungswirkung

Ziel vieler Werbemaßnahmen ist eine positive Beeinflussung der Einstellung zum Produkt bzw. zur Botschaft. Man kann prüfen, ob ein Werbemittel formale und inhaltliche Eigenschaften hat, die dieses Ziel unterstützen oder behindern.

Die folgenden Fragen prüfen, ob Bild, Headline und Gesamterscheinungsbild eine positive Einstellung zum Werbemittel eher begünstigen oder eher behindern.

Bilder: je größer, desto besser

Frage 36: Wie groß ist der Anteil der Bildfläche an der gesamten „Anzeigenfläche"?

Nach gängiger Auffassung sollten mindestens 30 % der Anzeigenfläche durch Bilder genutzt werden. Natürlich gilt dies nur für angenehm wirkende Bilder. Die Piktogramme in dem Faltblatt der Stadt Rinteln (S. 98) sind zu klein.

Empfehlung: Nach Möglichkeit in jedem Werbemedium Bilder verwenden. Je größer, desto besser für die Einstellungswirkung. Am besten ist es, wenn man nur ein Bild verwendet. Ein großes Bild wirkt stärker als zwei oder drei kleine zusammenge-

nommen. Wenn Produkt oder Leistung abgebildet sind, sollte man die folgende Frage stellen:

Frage 38: Könnte man das „Produkt" größer darstellen, ohne den Gesamteindruck des Werbemittels zu stören?

Eine deutlich erkennbare Abbildung vermittelt auf schnelle Weise Fakten über das Produkt bzw. die Botschaft.

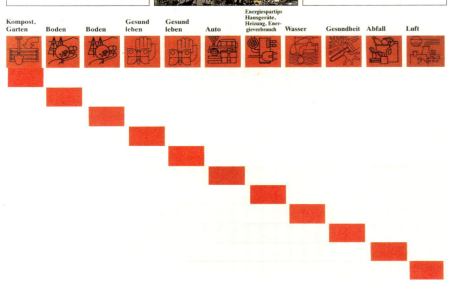

Frage 39: Ist die „Produktabbildung" farbig?

Es gibt Hinweise, daß farbige Produktabbildungen stärkere Einstellungswirkungen erzielen als schwarzweiße.

Beispiel: Die gelbe Frucht als Signal für eine Biotonne im abgebildeten Aufkleber (S. 97) ist eine gelungene Umsetzung.

Frage 40: Wie lang ist die Headline?

1 bis 4   Wörter = 3
5 bis 8   Wörter = 5
mehr als 8 Wörter = 0

Folgende Eigenschaften einer Headline fördern eine positive Einstellung zur Anzeige:
- kurze Headline
- viele Substantive
- Verzicht auf Frageform

Diese Eigenschaften fördern, daß ein Leser sich für den Absender interessiert. Sie fördern auch, daß er sich mit dem Fließtext beschäftigt.

Beispiele:
„Grünes Licht für die Umwelt"
„Wichtige Informationen und Tips zum Schutze unserer Flora und Fauna"

Welche dieser Headlines motiviert mehr Leser, sich näher mit der Anzeige zu beschäftigen?

Nach vorliegenden Erkenntnissen erzielt eine Headline mit 5 bis 8 Wörtern die besten Wirkungen. Eine kurze Headline erhöht die Bereitschaft, sich näher mit einer Anzeige zu beschäftigen.

Frage 41: Wie hoch ist der relative Anteil von Substantiven in der Headline?

Die Beantwortung der Frage ist mit Hilfe der folgenden Formel ganz einfach:

Zahl der Substantive in der Headline / Gesamtzahl der Wörter in der Headline:

——— / ——— = ———

Beispiel:
„Umwelt. Schützen wir sie."

Die Headline enthält 1 Substantiv. Die Gesamtzahl der Wörter ist 4.

Berechnung: 1/4 = 0,25

Frage 42: Ist die Headline als Frage formuliert?

Es gibt Untersuchungen, die zeigen, daß Headlines in Frageform eher Nachteile als Vorteile bringen.

Eine positive Einstellung zum Werbemittel ist oft Voraussetzung für eine positive Einstellung zum Produkt bzw. zur Dienstleistung. Verwenden Sie möglichst Bilder für Ihr Werbemittel. Die ideale Headline ist kurz (5-8 Wörter) und besteht aus vielen Substantiven.

Kleiner Werbemitteltest

Hinweise

Die Reihenfolge der Fragen entspricht nicht der Reihenfolge im Text. Die Fragen zum Verständnis werden zuerst gestellt. Die zu vergleichenden Werbemittel sollten die geprüften Elemente Bild, Headline, Absender enthalten. Wenn eines dieser Elemente fehlt, sind Einzelsummen und Gesamtsummen nicht mehr aussagefähig. Es empfiehlt sich dann, einen Vergleich der Einzelfragen durchzuführen. Wenn ein Werbemittel mehrere Bilder enthält, beziehen sich die Fragen zum Bild immer auf das Hauptbild. Auch in diesem Test wird teilweise vereinfachend von Anzeigen gesprochen. Der Test ist aber auch im Zusammenhang mit anderen Werbemitteln (z.B. Titelseiten von Broschüren) einsetzbar.

1. Informationsverarbeitung

1.1 Informationsverarbeitung „Gesamtanzeige"

Frage 1: Kann man innerhalb von 2 Sekunden verstehen, was das Werbemittel aussagen soll?

        eher nein   1   2   3   4   5   eher ja

Frage 2: Gibt es zwischen Bild und Text möglicherweise Widersprüche?

        eher nein   1   2   3   4   5   eher ja

1.2 Informationsverarbeitung Bild
Wenn kein Bild vorhanden, weiter ab Punkt 1.3

Frage 3: Wie sind die Erinnerungen, Eindrücke, Gefühle usw., die durch das Bild ausgelöst werden?

eher negativ   1   2   3   4   5   eher positiv

Frage 4: Ist das Bild eigenständig oder ist es so ähnlich wie die Bilder, die Wettbewerber verwenden?

wenig eigenständig   1   2   3   4   5   sehr eigenständig

Frage 5: Ist das „Produkt" auf dem Werbemittel abgebildet?
Wenn nein, weiter ab Punkt 1.3
Wenn ja, weiter zur nächsten Frage

Frage 6: Ist das Produkt (bzw. die Dienstleistung) so prägnant (klar und deutlich) abgebildet, daß man es sofort erkennen kann?

eher nein   1   2   3   4   5   eher ja

1.3 Informationsverarbeitung Headline
Wenn keine Headline vorhanden, weiter ab Punkt 1.4

Frage 7: Kann die Headline (isoliert betrachtet) mißverstanden werden und den Leser in eine völlig falsche Richtung lenken?

eher ja   1   2   3   4   5   eher nein

Frage 8: Werden in der Headline „langsame" Formulierungen verwendet? (Beispiele: negative Wörter, wie „ungewöhnlich", „unüblich", „unglücklich" usw. oder Passivsätze.)

ja = 0   /   nein = 5

1.4 Informationsverarbeitung Fließtext
Wenn kein Fließtext vorhanden, weiter ab Punkt 2.

Frage 9: Wieviele Sätze des Fließtextes haben mehr als 15 Wörter?

        0 und 1 Satz   =   5
        2 und 3 Sätze =   3
        4 und mehr Sätze =   0

Zwischensumme Informationsverarbeitung: _____
Bitte übertragen auf Ergebnisbogen!

2. Aktivierungspotential

2.1 Aktivierungspotential Bild
Wenn kein Bild vorhanden, weiter ab Punkt 2.2

Frage 10: Wie stark aktiviert das Bild emotional?

        schwach | 1 | 2 | 3 | 4 | 5 | stark

(Emotional wirken Bilder, die z.B. folgende Inhalte vermitteln: Erfolg, Angst, Unabhängigkeit, Glück, Freundschaft; aber auch: Abbildungen von Gesichtern, Kindern, Essen und Trinken.)

Frage 11: Wie stark aktiviert das Bild gedanklich?

        schwach | 1 | 2 | 3 | 4 | 5 | stark

(Gedanklich wirken Bilder, die folgende Eigenschaften haben: neuartig, überraschend, komplex, provokativ, ungewöhnlich usw.)

Frage 12: Ist das Bild kontrastreich, klar und prägnant?

        eher nein | 1 | 2 | 3 | 4 | 5 | eher ja

Frage 13: Aktiviert das Bild durch Größe, Farbigkeit, großflächige Farben usw.

        eher nein   1   2   3   4   5   eher ja

Frage 14: Aktivierungsprofil
Das Bild ist ...

wenig lebendig	1 2 3 4 5	sehr lebendig
sehr alltäglich	1 2 3 4 5	wenig alltäglich
wenig dynamisch	1 2 3 4 5	sehr dynamisch
sehr durchschnittlich	1 2 3 4 5	wenig durchschnittlich
wenig ungewöhnlich	1 2 3 4 5	sehr ungewöhnlich

Summe: _____

2.2 Aktivierungspotential Headline
Wenn keine Headline vorhanden, weiter ab Punkt 3

Frage 15: Aktiviert die Headline durch besonders große Schrift, farbige Schrift, auffällige Schriftart usw.?

        eher nein   1   2   3   4   5   eher ja

Frage 16: Hebt sich die Headline kontrastreich, klar und prägnant vom Hintergrund und sonstigen Inhalt ab?

        eher nein   1   2   3   4   5   eher ja

Frage 17: Diese Frage bitte nur für Werbemittel beantworten, die bei der vorhergehenden Frage einen Wert von 4 oder 5 bekommen hat. Die anderen Werbemittel bekommen 0 Punkte.

Wie stark aktiviert die Headline emotional?

schwach 1 2 3 4 **5** sehr

(z.B. Verwendung von emotionalen Worten: Freundschaft, Vertrauen, Liebe, Erfolg usw.)

Zwischensumme Aktivierungspotential: _____
Bitte übertragen auf Ergebnisbogen.

3. Informationsaufnahme

3.1 Informationsaufnahme „Gesamtanzeige"

Frage 18: Gibt es Texte, die links neben dem zentralen Bildelement angeordnet sind?

ja = 0 / nein = 5

Frage 19: Gibt es Texte, die über dem zentralen Bildelement angeordnet sind?

ja = 0 / nein = 5

Frage 20: Gibt es Bilder (wenn mehrere Einzelabbildungen vorhanden) oder Texte (Textblöcke), auf die man verzichten könnte?

eher ja 1 2 3 4 **5** eher nein

3.2 Informationsaufnahme Bild

Wenn kein Bild vorhanden, weiter ab Frage 22

Frage 21: Gibt es innerhalb des Bildes Elemente oder Teilbereiche, die von den Schlüsselelementen (z.B. Nutzenvisualisierung, Produktabbildung) ablenken könnten?

eher ja   1   2   3   4   5   eher nein

3.3 Informationsaufnahme Headline

Wenn keine Headline vorhanden, weiter ab Punkt 3.4

Frage 22: Ist die Schrift der Headline leicht lesbar?

eher nein   1   2   3   4   5   eher ja

3.4 Informationsaufnahme „Absender"

Frage 23: Könnte man das Logo/die Marke größer gestalten, ohne den Gesamteindruck des Werbemittels zu zerstören?

eher ja   1   2   3   4   5   eher nein

Frage 24: Enthält die Headline den Namen der Marke oder der Institution?

ja = 5 / nein = 0

Frage 25: Ist der Absender rechts unten plaziert?

ja = 5 / nein = 0

Wenn ja, weiter ab Frage 3.5
Wenn nein, weiter zur nächsten Frage

Frage 26: Ist der „Absender" hinreichend auffällig gestaltet oder plaziert, um trotzdem beachtet zu werden?

ja = 5 / nein = 0

3.5 Informationsaufnahme Fließtext
Wenn kein Fließtext vorhanden, weiter ab Punkt 4.

Frage 27: Könnte man den Inhalt des Fließtextes mit weniger Wörtern formulieren?

eher ja　1　2　3　4　5　eher nein

Frage 28: Wird die Aufnahme des Fließtextes durch gute formale Gestaltung begünstigt?

(Beispiele: Zeilen mit 35-45 Anschlägen, Strukturierung durch Absätze, Hervorhebungen, Zwischenüberschriften, gute Lesbarkeit der Schrift usw.)

eher nein　1　2　3　4　5　eher ja

Zwischensumme Informationsaufnahme: _____
Bitte übertragen auf Ergebnisbogen!

4. Informationsspeicherung

4.1 Informationsspeicherung gesamtes Werbemittel

Frage 29: Unterstützen sich Bild und Headline gegenseitig? Zeigt das Bild, was die Headline sagt? Greift die Headline auf, was das Bild zeigt? Wenn kein Bild oder keine Headline = 0

eher nein　1　2　3　4　5　eher ja

4.2 Informationsspeicherung Bild
Wenn kein Bild vorhanden, weiter ab Punkt 4.3

Frage 30: Zeigt das Bild den Produktnutzen/Produktvorteil (auch Zusatznutzen) oder eine vergleichbare, zentrale Information?

eher nein   1 2 3 4 5   eher ja

Frage 31: Kann man den Inhalt des Bildes mit einem nicht zu langen Satz (max. 15 Wörter) vollständig beschreiben? Hintergrund: Ist das Bild konkret und nicht zu komplex?

ja = 5 / nein = 0

4.3 Informationsspeicherung Headline
Wenn keine Headline vorhanden, weiter ab Punkt 4.4

Frage 32: Weist die Headline auf einen Nutzen (auch Zusatznutzen) für den Kunden hin?

eher nein   1 2 3 4 5   eher ja

Frage 33: Ist die Headline konkret, anschaulich, bildhaft formuliert?

eher nein   1 2 3 4 5   eher ja

4.4 Informationsspeicherung Fließtext
Wenn kein Fließtext vorhanden, weiter ab Punkt 5.

Frage 34: Werden im Fließtext eher konkrete oder eher abstrakte Wörter verwendet?

eher abstrakte Wörter   1 2 3 4 5   eher konkrete Wörter

Zwischensumme Informationsspeicherung: _____
Bitte übertragen auf Ergebnisbogen!

5. Einstellungswirkung

5.1 Einstellungswirkung des gesamten Werbemittels

Frage 35: Das Werbemittel ist ...

- überzeugend

(1)	(2)	(3)	(4)
trifft gar nicht zu	trifft weniger zu	trifft zu	trifft sehr zu

- langweilig

(1)	(2)	(3)	(4)
trifft gar nicht zu	trifft weniger zu	trifft zu	trifft sehr zu

- heiter

(1)	(2)	(3)	(4)
trifft gar nicht zu	trifft weniger zu	trifft zu	trifft sehr zu

- harmonisch

(1)	(2)	(3)	(4)
trifft gar nicht zu	trifft weniger zu	trifft zu	trifft sehr zu

- glaubwürdig

(1)	(2)	(3)	(4)
trifft gar nicht zu	trifft weniger zu	trifft zu	trifft sehr zu

- beziehungslos

(1)	(2)	(3)	(4)
trifft gar nicht zu	trifft weniger zu	trifft zu	trifft sehr zu

- mal was anderes

(1)	(2)	(3)	(4)
trifft gar nicht zu	trifft weniger zu	trifft zu	trifft sehr zu

Ergebnis = Summe / 2 = _____
(bitte abrunden)

5.2 Einstellungswirkung Bild
Wenn kein Bild vorhanden, weiter ab Punkt 5.3

Frage 36: Wie groß ist der Anteil der Bildfläche an der gesamten „Anzeigenfläche"?

        weniger als ein Drittel = 0
        mehr als ein Drittel   = 3
        mehr als die Hälfte   = 5

Frage 37: Ist das „Produkt" auf dem Werbemittel abgebildet?
Wenn nein, weiter ab Punkt 5.3
Wenn ja, weiter zur nächsten Frage

Frage 38: Könnte man das „Produkt" größer darstellen, ohne den Gesamteindruck des Werbemittels zu stören?

        eher ja   1   2   3   4   5   eher nein

Frage 39: Ist die „Produktabbildung" farbig?

ja = 5 / nein = 0

5.3 Einstellungswirkung Headline
Wenn keine Headline vorhanden, weiter ab Punkt 5.4

Frage 40: Wie lang ist die Headline?

1 bis 4 Wörter   = 3
5 bis 8 Wörter   = 5
mehr als 8 Wörter = 0

Frage 41: Wie hoch ist der relative Anteil von Substantiven in der Headline?

Zahl der Substantive in der Headline / Gesamtzahl der Wörter in der Headline?

Bewertung:
0 bis 0,33 = 0
bis 0,5   = 3
über 0,5   = 5

Frage 42: Ist die Headline als Frage formuliert?

ja = 0 / nein = 5

Zwischensumme Einstellungswirkung: _____
Bitte übertragen auf Ergebnisbogen.

Ergebnisbogen

Einzelergebnisse	
Informations-verarbeitung	
Aktivierung	
Informations-aufnahme	
Informations-speicherung	
Einstellungswirkung	
Summe	

Lexikon der Werbesprache

Art Direktor
Atelierleiter in einer Werbeagentur; Chef-Grafiker.

Beilagen
Bezeichnung für lose Blätter, Karten, Prospekte, die einer Publikation beigefügt sind.

Blindtext
Satzmuster, das für grafische Entwürfe verwendet wird. Ergibt inhaltlich keine Sinn. Der Blindtext soll lediglich zeigen, wie der Text später aussehen wird.

Blocksatz
Beim Blocksatz sind alle Zeilen gleich lang. Der Text ergibt einen „Block". Dazu im Gegensatz der Flattersatz, der entweder links- oder rechtsbündig oder zentriert sein kann.

Briefing
(engl./Einsatzbesprechung, Anweisung, Instruktion)
Gespräch zwischen einem Unternehmen bzw. einer Institution und einer Werbeagentur über die Zielvorstellungen des Unternehmens/der Institution. Den Rahmen bilden Informationen über das zu bewerbende Produkt, die zu beachtende Marktsituation, Termine, Etats und die werbepolitischen Zielvorstellungen des Auftraggebers.

Folgende Stichworte sollten Anhaltspunkte in einem Briefing sein:

- Werbezweck:
  Warum wird geworben?

- Werbeobjekt:
  Wofür wird geworben?

- Werbeziel:
  Welche Wirkung soll erzielt werden?

- Zielgruppe:
  Wer soll umworben werden?

- Zielgebiet:
  Wo soll geworben werden?

- Werbeetat:
  Welche Geldmittel stehen zur Verfügung?

- Werbeträger:
  Welche Medien sollen eingesetzt werden?

- Werbemittel:
  In welcher Form soll geworben werden?

- Werbebotschaft:
  Was soll vermittelt werden?

- Timing:
  Wann soll geworben werden?

Citylight-Poster
Von innen beleuchtbare Plakatständer, die hauptsächlich in der Außenwerbung eingesetzt werden.

Copy-Tests
Eine Methode in der Umfrageforschung, um die Leseintensität zu allen Beiträgen einer Publikation (z.B. Zeitschrift) einschließlich der Bilder und Anzeigen ziemlich genau zu spezifizieren.
Im persönlichen Interview mit der Testperson (dem Leser) wird ermittelt, welche Beiträge gelesen, überflogen oder beachtet wurden.

Corporate Design (CD)
Umfaßt alle visuell stilistischen Ausdrucksformen eines Unternehmens oder einer Institution, und zwar speziell hinsichtlich der eingesetzten Schriften, Symbole und Farben. Das Corporate Design ist das grafische System eines Unternehmens oder einer Institution.
Ziel des CDs ist die Vermittlung eines an das Image des Unternehmens angepaßten Bildes. Durch ein weitgehend einheitliches Auftreten prägt sich das Unternehmen bei den Konsumenten besser ein, der Bekanntheitsgrad steigt und hat u.U. positive Wirkungen auf das Image. Corporate Design umfaßt alle Bereiche eines Unternehmens angefangen von den Geschäftspapieren über Verpackungen und Fahrzeugbeschriftungen hin zur Anzeigengestaltung.

Corporate Identity (CI)
Im weitesten Sinne ist mit CI die „Unternehmenspersönlichkeit" gemeint, die sich im Verhalten, in der Kommunikation und im Erscheinungsbild eines Unternehmens oder einer Institution ausdrückt.

Direct mailing
Direktwerbung durch Zustellung z.B. eines Werbebriefes per Post.

Direktwerbung
Direktwerbung richtet sich direkt (z.B. per Brief) an bestimmte Zielgruppen. Häufig sind diese Briefe mit Antwortkarten, Fragebögen etc. gekoppelt, um dadurch die Möglichkeit für ein Feedback zu geben. Werbemittel in der Direktwerbung sind persönlich und so weit wie möglich abgestimmt auf die Vorstellung der Adressaten.

Doppelseite
Zwei nebeneinanderliegende Seiten (linke und rechte Seite), z.B. eine doppelseitige Anzeige. Aber: doppelseitig bedruckt bedeutet von beiden Seiten (Vor- oder Rückseite) bedruckt.

Durchschuß
Abstand zwischen den Zeilen eines Textes und zwischen Wörtern einer einzelnen Zeile.

Einhefter
Werbemittel (Prospekte, Postkarten usw.), die fest in eine Publikation eingeheftet sind.

Etat/Werbeetat
Der Werbeetat umfaßt die für Werbemaßnahmen in einem begrenzten Zeitraum zur Verfügung stehende Gesamtsumme.

Fahne
Abzug des gesetzten Textes auf Papier. Die Textfahnen werden „umbrochen" (s. Umbruch).

Falzen
Einen Druckbogen maschinell ein- oder mehrfach falten.

Feedback
(engl./Rückkopplung, Rückmeldung)
Mit Feedback bezeichnet man den Informationsfluß, der vom Rezipienten (Leser, Zuschauer) zurück zum Kommunikator (derjenige, vom dem die Information ausgeht) läuft. Dabei kann man zwischen direkten und indirekten Mitteilungen unterscheiden. Direkte, beabsichtigte Mitteilungen sind z.B. Leserbriefe, Anrufe und Gespräche, indirekte die Auflage einer Publikation und die Verkaufszahlen.

Fließtext
Laufender Text eines Artikels oder einer Broschüre ohne besondere Hervorhebungen.

Gemeinschaftswerbung/kollektive Werbung
Gemeinschaftswerbung ist in der Regel Werbung von mehreren Unternehmen für ein spezielles Produkt, aber nicht für eine bestimmte Marke (z.B. „Trinkt mehr Milch"). Gemeinschaftswerbung hilft Finanzmittel effektiver zu nutzen, da sich Kosten sparen lassen und sie die Möglichkeit bietet, auch solche Werbeträger zu nutzen, die für einzelne, kleine Betriebe zu teuer wären (insbesondere Fernsehen und Publikumszeitschriften).

Großflächenplakate
(s. a. Außenwerbung)
Die Belegungskosten für Plakatwerbung variieren nach Anschlagform (z.B. Großfläche) und Streubereich (lokal, regional, national). Die Vermietung der Plakatflächen erfolgt in Dekaden (10 Tage).

Headline
(engl./Überschrift, Kopfzeile, Schlagzeile)

Image
Das Vorstellungs- und Erscheinungsbild von Personen, Gruppen, Institutionen, Unternehmen, Produkten usw., das sich in der Öffentlichkeit durch Erfahrung, Information, Motivation und Gerüchte geprägt hat.

Kampagne
(s. Werbekampagne)

Kontakte
Summe von Personen, die mindestens einmal in einem bestimmten Zeitraum von einem Medium (Zei-

tung, Zeitschrift, Anzeige usw.) erreicht wurde.

Kontakthäufigkeit
Angabe darüber, mit welcher durchschnittlichen Häufigkeit ein Organ gelesen wird. Die Erfassung der Häufigkeit erfolgt mittels Interviews. Über diese Aussagen kommt man zur Kontaktwahrscheinlichkeit, also Aussagen darüber, wieviel Prozent der Leserschaft z.B. einer Zeitung mit einer Nummer erreicht werden.

Kontakter
(account executive)
In Agenturen der Mittelsmann oder die Mittelfrau zwischen Werbeagentur und Kunde. Stellt den „Kontakt" zwischen Agentur und Kunde her.

Layout
Skizzierte Anordnung von Gestaltungselementen (Text, Fotos, Illustrationen) auf einer Seite. Es zeigt die Gestaltungsidee und ist die Vorstufe zur Reinzeichnung (Reinlayout).

Litho/Lithographie
Druckfilm, der im Offsetverfahren verwendet wird.

Lumbecken
Klebebindung durch Rückenleimung von Büchern, Broschüren etc..

Leporello
Harmonikaförmig zusammenzufaltendes Prospekt.

Marktforschung
Methode, um den kommunikationsbezogenen Werbeerfolg zu messen. Dazu gehört die Prüfung der Aufmerksamkeitswirkung, die Ermittlung von Erinnerungs- und Wiedererkennungswerten, Imageanalysen und die Messung von Einstellungsänderungen bei Verbrauchern.

Media- oder Streuplanung
Im Rahmen der Mediaplanung wird die Verteilung des Werbeetats auf geeignete Werbeträger festgelegt. Werbeträger müssen danach ausgewählt werden, ob sie sich zur Kommunikation mit der Zielgruppe eignen (z.B. Jugendliche – Jugendzeitschriften). Außerdem wird mit der Mediaplanung die zeitliche Abfolge der Werbeaktion in den einzelnen Medien festgelegt. Kriterien bei der Mediaplanung sind die Kosten (z.B. Anzeigenpreise), der Verbreitungsgrad (Auflage, Einschaltquoten) und die Reichweite.

Opinion Leader
(amer./Meinungsführer, Meinungsbildner)
Der Opinion Leader nimmt im Kommunikationsprozeß eine Mittlerrolle zwischen massenmedialer Kommunikation (durch z.B. Zeitungen, TV, Hörfunk) und personaler Kommunikation (direktes Gespräch zwischen einzelnen oder mehreren Personen) ein. Opinion Leader sind Mitmenschen, „auf die man hört" in

ihrer formellen, informellen und sozialen Gruppen, denen sie angehören.

Print-Medien
Gedruckte Medien wie z.B. Tageszeitungen, Wochen- und Sonntagszeitungen, Publikumszeitschriften und Fachzeitschriften.

Produktwerbung
Werbung für einzelne Produkte oder Produktgruppen. In dieser Form der Werbung wird meist die besondere Verwendungseigenschaft des Erzeugnisses hervorgehoben.
Produktwerbung läßt sich in die drei Gruppen informierende Werbung, Sympathiewerbung und Testimonialwerbung untergliedern.

Promotion
(engl./Förderung, Befürwortung, Gründung)
(amer./Verkaufsförderung, Werbung)

Promotion umfaßt je nach Definition den engen Bereich der Direktwerbung (Werbebriefe, Prospekte, Kataloge, Produktvorführungen) oder alle absatzpolitischen Maßnahmen, die der Öffnung bzw. Offenhaltung der Märkte dienen.
Bekannt ist noch am ehesten die Verbrauchspromotion (z.B. Gewinnspiele, Produktproben und das Angebot der Warenrücknahme).
Verbrauchspromotion zielt vorrangig auf die Schaffung eines Kaufanreizes.

Public Relations
(amer./Öffentlichkeitsarbeit)
Public Relations (PR) ist die Pflege und Förderung der Beziehungen einer Institution, Organisation oder eines Unternehmens zur Öffentlichkeit durch Information. Zweck dieser Information ist, Aufmerksamkeit und Interesse zu wecken, Sympathie und Vertrauen zu gewinnen.
Instrumente der PR sind u.a. Kontakte zu Presse, Rundfunk und Fernsehen, Presseinformationen und Pressekonferenzen, Informationsbroschüren und Durchführung von Besichtigungen (z.B. Tag der offenen Tür).

Reichweite
Mit der räumlichen Reichweite eines Mediums wird ein geographisches Gebiet beschrieben. Die qualitative Reichweite drückt aus, inwieweit ein Werbeträger genau jene Personen erreicht, der durch die Werbemaßnahme angesprochen werden soll.

Reinzeichnung
Endgültige Ausarbeitung einer grafischen Arbeit. Von der Reinzeichnung wird die Reproduktion für den Druck angefertigt.

Satzspiegel
Bezeichnung der Fläche, die auf einer Publikationsseite bedruckt wird. Der Satzspiegel ist nicht identisch mit der Papierbogenseite, denn außerhalb des Satzspiegels bleibt ein Rand bis zu den Schnittkanten.

Scribble
(engl./Schmierskizze)
Erster unfertiger Entwurf, Rohentwurf.

Slogan
(engl./Schlagwort, Werbespruch, Schlachtruf)
Kurze, unverwechselbare, eingängige und leicht verständliche Aussage, die nicht unbedingt grammatikalischen Grundsätzen entsprechen muß.

s/w
(schwarz/weiß)
Ganzseitige, schwarz/weiß gehaltene Seite (1/1 Seite s/w).
Im Gegensatz dazu vierfarbige Seite (4 c).

Testimonial
(engl./Zeugnis, Empfehlungsschreiben)

Testimonialwerbung
Bei der Testimonialwerbung werden zufriedene Produktverwender (z.B ein Kleingärtner, der die Vorzüge des Kompostierens anpreist) präsentiert, mit denen sich der Umworbene identifizieren kann und dessen Aussagen vergleichsweise glaubwürdig erscheinen. Es werden bevorzugt Personen eingesetzt, von denen der Umworbene den Eindruck hat, daß diese Person „einer wie du und ich" ist.
Aber auch die Kombination von Testimonialwerbung und Leitbild ist möglich. In einem solchen Fall wird z.B. ein Fernsehschauspieler, der in seinen Rollen „normale Typen" verkörpert, eingesetzt.

TexterInnen
Fachmann/Fachfrau in einer Werbeagentur, der/die Texte für Anzeigen, Broschüren etc. schreibt („textet").

Trend
Richtung, Tendenz, Verlauf.
Grundrichtung einer langfristigen Entwicklung.

Streuverluste
Werbebotschaften werden mit Hilfe von Werbeträgern und Werbemitteln „gestreut". Da die Werbenutzung der Umworbenen recht unterschiedlich ist, ergeben sich Verluste, sogenannte Streuverluste. Nur ein Teil der Umworbenen bemerkt die Botschaft und davon nimmt nur ein bestimmter Prozentsatz die Botschaft auf. Da „die Menschen vergeßlich sind", sollte man es nicht beim einmaligen Aussenden einer Werbebotschaft bewenden lassen. Außerdem sollten verschiedene Werbeträger (Plakate, Broschüren, Anzeigen) genutzt werden.

Umbruch
Zusammenstellung der einzelnen Seiten eines Buches, einer Broschüre oder Zeitung. Der gesetzte Text (Textfahnen) wird zusammen mit Illustrationen und Abbildungen in den vorher festgelegten Satzspiegel (s. Satzspiegel) eingepaßt; die Fahnen werden „umbrochen".

USP
(unique selling proposition) Einzigartigkeit der Leistung des beworbenen Produktes, einmaliges Verkaufsargument.

Umschlagseiten
Die vier Einbandseiten einer Publikation: Titel, 2. Seite, vorletzte Seite und Rückseite.

Versalien
Großbuchstaben

Werbekampagne
Eine Werbekampagne umfaßt die Werbeplanung, die Werbegestaltung und die Werbeerfolgskontrolle.
Die Planung umfaßt die Zielpla-nung und die Werbeprogrammpla-nung (Etat, Mediaplanung).In der Phase der Gestaltung werden die Werbebotschaft und die Werbemittel realisiert, in der Kontrollphase wird der ökonomische und der außerökonomische Werbeerfolg (Wiedererkennung, Einstellungsänderung) gemessen.

Werbemittel
Ein Werbemittel setzt die Werbeaussage optimal um. Die gängigen Werbemittel sind Anzeigen, Funk- und Fernsehspots, Prospekte, Kataloge, Flugblätter und Beilagen. Aber auch Schaufensterdekorationen, Leuchtschriften, Plakate und Kundenzeitschriften werden zu den Werbemittel gezählt. Mit dem Werbemittel werden inhaltliche (Aussagekraft) und formale (darstellungstechnische) Komponenten zu einer Ganzheit zusammengefaßt.

Werbeplanung/Werbepläne
Systematische Vorausbestimmung zukünftigen Verhaltens im Bereich der Werbung. Werbepläne werden allgemein für die Dauer eines Jahres aufgestellt. Planvariablen sind das Werbeobjekt, die Werbesubjekte, die Werbemittel und -träger, die Werbeperiode und der Werbeetat.

Werbeträger
Die jeweils verwendeten Medien sind die Werbeträger.
Als Werbeträger kommen alle Personen und Sachen in Frage, in die Botschaften ein- bzw. aufprägbar sind und von deren Kon-takt der Umworbenen einen Nutzen hat.
Die meistverwendeten Werbeträger sind Adreßbücher (z.B. Gelbe Seiten), im Bereich der Direktwerbung Werbebriefe, Kataloge und Handzettel, im Bereich der Außenwerbung Plakate, Straßen-, U- und S-Bahnen. Bei der Auswahl der Werbeträger muß der Träger ausgewählt werden, der es am besten ermöglicht, die Werbebotschaft in der entsprechenden Ausdrucksform an die Zielgruppe heranzubringen.

Zielgruppe
Eine Gruppe von Konsumenten, die unter Berücksichtigung besonderer Kriterien ausgewählt wird. So spielen

bei der Auswahl soziodemographische Merkmale (Geschlecht, Alter, Bildung, Einkommen usw.), angebotsspezifische Merkmale (z.B. Normalverbraucher, Impulskäufer, sporadischer Verwender) und Informationsmerkmale (Welche Information und welche Meinung hat der Konsument bereits über das Produkt?) eine Rolle.

Mittel der externen und internen Kommunikation

Anfrage
Animationsprogramme
Ansprachen
Anzeigen
Anzeigenblätter
Arbeitsgruppen
Artikel
Audiocassetten
Audiovisionen
Aufkleber
Aushänge
Auskunftschalter
Ausschußtätigkeiten
Aussendungen
Ausstellungen

Bandenwerbung
Beilagen
Bekanntmachungen
Beratungen
Besichtigungen
Besuche
Betriebsfeste
Betriebsführungen
Betriebsgruppenzeitungen
Betriebsversammlungen
Bilder
Bildschirmtext
Briefe
Broschüren
Bücher
Buttons

Citylight-poster
Corporate Identity
Clubs
Clubzeitschriften

Dias
Diareihen
Diaschaus
Direkt-Mailing
Diskussionen
Displays
Dokumentationen

Einladungen
Einweihungen
Einzelgespräche
Empfänge

Fachbücher
Fahnen
Fahrten
Faltblätter
Fax
Features
Fernschreiben
Festschriften
Festveranstaltungen
Filme
Filmverleih
Firmenbeschreibungen
Flaggen
Flugblätter
Fotos
Fotodienste
Fragebögen
Führungen

Gästebetreuungen
Gespräche
Give-aways
Glückwunschkarten
Großflächenwerbung
Gruppendiskussionen

Handbücher
Handzettel
Hauszeitungen
Heißluftballons (als Werbeflächen)
Hörerzuschriften
Hörfunkspots

Illustrationen
Infomobile
Informationsdienste
Informationsreisen
Informationstafeln
Informationszentren
Infostände
Interne Schulungen
Interviews (geben)
Interviews (vermitteln)

Jahresberichte
Jingles
Jubiläen
Jubiläumsschriften
Jubilarehrungen

Kalender (als Werbeflächen)
Kinowerbung
Kleidung (als Werbeflächen)
Kongresse
Konzeptionen
Kooperationen (mit Medien)
Kulturelle Veranstaltungen
Kundenzeitschriften

Landkarten (als Werbeträger)
Laufschriften
Leitsysteme
Leserbriefe
Lesezirkelanzeigen
Leuchtschriften
Luftschiffe (als Werbeflächen)

Magazine
Messen
Messestände
Multivisionen
Mundpropaganda

Nachbarschaftsfeste

Periodika
Plakate
Podiumsdiskussionen
Postkarten
Präsentationen
Preisausschreiben
Preisverleihungen
Pressedienste
Pressegespräche
Pressekonferenzen
Pressemitteilungen
Pressespiegel
Programmhefte
Programmzeitschriften
Promotions
Prospekte

Redaktionsbesuche
Reden
Referate
Rollenspiele
Round-Table-Gespräche
Rundschreiben

Sammlungen
Schallplatten
Schaubilder/Grafiken
Schilder
Schriftenreihen
Schülerzeitungen
Schwarze Bretter
Selbstdarstellungen
Seminare
Signets/Logos
Sketche
Sonderdrucke
Spenden
Spiele
Sponsoring
Sportveranstaltungen
Stadtpläne (als Werbeträger)
Stadtteilzeitungen
Stammtische
Stellenanzeigen
Studien
Symposien

Tage der offenen Tür
Tagungen
Talkshows
Telefondienste
Telefonkarten (als Werbeträger)
Telefonmarketing
Teletext
Text- und Liederwettbewerbe
Theatergruppen
Tonbildschauen
Transparente
Trikotwerbung

Umfragen
Unterrichtstätigkeit
Unterschriftenlisten

Veranstaltungen
Verkehrsmittelwerbung
Versammlungen
Videocassetten
Vorschlagswesen
Vorträge

Wandzeitungen
Werbefilme
Werbegeschenke
Werbespots (TV)
Wettbewerbe

Zeitungen
Zeitschriften
Zeitungskästen (als Werbeträger)

Auszüge aus den Abfallgesetzen einzelner Bundesländer zur Abfallberatung

Baden-Württemberg

Gesetz über die Vermeidung und Entsorgung von Abfällen und die Behandlung von Altlasten in Baden-Württemberg (Landesabfallgesetz - LAbfG) vom 8. Januar 1990, § 2: Öffentliche Abfallentsorgung

(2) Die entsorgungspflichtigen Körperschaften informieren und beraten die Abfallerzeuger mit dem Ziel, eine möglichst weitgehende Abfallvermeidung und -verwertung zu erreichen.

Bayern

Gesetz zur Vermeidung, Verwertung und sonstiger Entsorgung von Abfallen und zur Erfassung und Überwachung von Altlasten in Bayern (BayAbfAlG) vom 17. Februar 1991, Art. 3: Entsorgungspflichtige Körperschaften

(4) Die entsorgungspflichtigen Körperschaften wirken in ihrem Zuständigkeitsbereich darauf hin, daß möglichst wenig Abfall entsteht. Insbesondere beraten sie die Abfallbesitzer über die Möglichkeiten zur Vermeidung und Verwertung von Abfällen. Sie bestellen Fachkräfte zur Beratung der Abfallbesitzer.

Niedersachsen

Niedersächsisches Abfallgesetz (NABfG) vom 17. Dezember 1991, § 2b: Abfallberatung

(1) Die entsorgungspflichtigen Körperschaften wirken im Rahmen ihrer Zuständigkeit auch darauf hin, daß möglichst wenig Abfall entsteht. Sie beraten zu diesem Zweck die Abfallbesitzerinnen und Abfallbesitzer sowie die Anschluß- und Benutzungspflichtigen (§ 3 Satz 1) und informieren sie regelmäßig über die Möglichkeiten zur Vermeidung und Verwertung von Abfällen sowie über die Verwendung abfallarmer Produkte und Verfahren. Sie können sich bei der Wahrnehmung dieser Aufgabe Dritter bedienen.

(2) Die oberste Abfallbehörde wird ermächtigt, durch Verordnung näher zu bestimmen, auf welchen Gebieten die Abfallberatung durchzuführen ist und welchen fachlichen Mindestanforderungen der Inhalt der Beratung genügen muß.

Niedersächsisches Abfallabgabengesetz (NAbfAbgG) vom 17. Dezember 1991, § 10 Verwendung

(1) Das Aufkommen der Abfallabgabe ist nach Abzug des Verwaltungsaufwandes zweckgebunden für folgende Maßnahmen zu verwenden:
(...)
2. zur Beratung bei der Vermeidung und Verwertung besonders überwachungsbedürftiger Abfälle und Reststoffe...

Nordrhein-Westfalen

Abfallgesetz für das Land Nordrhein-Westfalen (LAbfG) vom 14. Januar 1992, § 3: Abfallberatung

Die Kreise und kreisfreien Städte sind zur ortsnahen Information und Beratung über Möglichkeiten der Vermeidung und der Verwertung von Abfällen verpflichtet; die Kreise können diese Aufgabe auf die kreisangehörigen Gemeinden mit deren Einvernehmen übertragen.

Rheinland-Pfalz

Landesabfallwirtschaft- und Altlastengesetz vom 30. April 1991, § 4: Abfallvermeidung

(1) Die Entsorgungspflichtigen nach §3 Abs. 1 haben in ihrem Aufgabenbereich darauf hinzuwirken, daß möglichst wenig Abfall entsteht.
(2) Sie informieren und beraten die Abfallerzeuger mit dem Ziel der Abfallvermeidung. Zur Wahrnehmung dieser Aufgabe stellen sie Abfallberater.

Saarland

Saarländisches Abfallgesetz (SAbfG) vom 3. Juni 1987, § 12: Abfallberatung und Berichtspflichten

(1) 1. Der Verband und die Kommunen bestellen Abfallberater/innen. Diese informieren und beraten private Haushaltungen sowie Produzenten und Besitzer hausmüllähnlicher Abfälle mit dem Ziel, eine möglichst weitgehende Vermeidung, Getrenntsammlung und Verwertung von Abfällen zu erreichen.

Der Minister für Umwelt regelt im Einvernehmen mit dem Minister des Inneren nach Anhörung des KABV durch Rechtsverordnung die Anforderungen an die Fachkunde der Abfallberater/innen des Verbandes sowie deren Zusammenarbeit mit den Abfallberater(n)/innen der Kommunen.

2. Der Träger der Sonderabfallentsorgung ist verpflichtet, die Erzeuger von Sonderabfällen mit dem Ziel zu beraten, Sonderabfälle zu vermeiden und zu verwerten.

Sachsen

Erstes Gesetz zur Abfallwirtschaft und zum Bodenschutz im Freistaat Sachsen (EGAB) vom 12. August 1991, § 2: Maßnahmen der Abfallwirtschaft.

(4) Die entsorgungspflichtigen Körperschaften beraten die Abfallbesitzer über die Möglichkeiten zur Vermeidung und Verwertung von Abfällen. Sie bestellen hierzu Fachkräfte.

Sachsen-Anhalt

Abfallgesetz des Landes Sachsen-Anhalt (beschlossen am 4. Oktober 1991), § 7: Abfallberatung

(1) Die entsorgungspflichtigen Körperschaften wirken in ihrem Zuständigkeitsbereich darauf hin, daß möglichst wenig Abfall entsteht. Sie informieren die Abfallbesitzer und die Anschluß- und Benutzungspflichtigen im Sinne des § 4 Satz 1 regelmäßig über die Möglichkeiten zur Vermeidung und Verwertung von Abfällen sowie über die Verwendung abfallarmer Produkte und Verfahren. Sie können die Wahrnehmung dieser Aufgabe Dritten übertragen.
(2) Die oberste Abfallbehörde wird ermächtigt, durch Verordnung Anforderungen an die Abfallberatung festzulegen.

Schleswig-Holstein

Abfallwirtschaftsgesetz für das Land Schleswig-Holstein vom 6. Dezember 1991, § 4: Abfallwirtschaftliche Maßnahmen

(3) Die entsorgungspflichtigen Körperschaften sind gegenüber den Besitzern von Abfällen, für die sie entsorgungspflichtig sind, zur Information und Beratung über Möglichkeiten der Vermeidung, Verwertung und Entsorgung von Abfällen verpflichtet. Sie können diese Aufgabe auf die Gemeinden und Ämter mit deren Zustimmung gegen Kostenersatz übertragen. Die Beratung soll durch eigene sachkundige Bedienstete erfolgen. Zur Beratung können Dritte herangezogen werden.

Adressenverzeichnis

Bundesdeutscher Arbeitskreis für umweltbewußtes Management B.A.U.M. e.V.
Sillemstraße 36
W-2000 Hamburg 1
Telefon (040) 49 18 14

Bundesminister für Forschung und Technologie (BMFT)
Heinemannstraße 2
W-5300 Bonn 2
Telefon (02 28) 59-1

Bundesminister für Umwelt, Naturschutz und Reaktorsicherheit (BMU)
Kennedyallee 5
W-5300 Bonn 1
Telefon (02 28) 3 05-0

Bundesverband Bürgerinitiativen Umweltschutz e.V. (BBU)
Prinz-Albert-Straße 43
W-5300 Bonn 1
Telefon (02 28) 21 40 32

Bund für Umwelt- und Naturschutz Deutschland e.V. (BUND)
Im Rheingarten 7
W-5300 Bonn 3
Telefon (02 28) 4 00 97-0

Deutsche Gesellschaft für Umwelterziehung e.V.
Frauenthal 25
W-2000 Hamburg 13
Telefon (0 40) 4 10 69 21

Deutsche Umwelthilfe
Güttinger Straße 19
W-7760 Radolfzell
Telefon (07732) 30 28

Deutscher Naturschutzring, Bundesverband für Umweltschutz (DNR) e.V.
Kalkuhlstraße 24
W-5300 Bonn 3
Telefon (0228) 44 15 05

GREENPEACE e.V.
Vorsetzen 53
W-2000 Hamburg 11
Telefon (040) 3 11 68-0

Naturschutzbund Deutschland e.V., Bundesgeschäftsstelle
Am Michaelshof 8-10
W-5300 Bonn 2
Telefon (0228) 35 80 31

ROBIN WOOD-Gewaltfreie Aktionsgemeinschaft für Natur und Umwelt e.V.
Erlenstraße 24
W-2800 Bremen 1
Telefon (0421) 50 04 05

Umweltbundesamt (UBA)
Bismarckplatz 1
W-1000 Berlin 33
Telefon (030) 89 03-0

**World Wild Fund for Nature,
WWF Deutschland**
Hedderichstraße 110
W-6000 Frankfurt a.M. 70
Telefon (0 69) 60 50 03-0

**Zentralstelle für Umwelterziehung,
ZUE**
Universität Essen FB 9
Universitätsstraße 5
W-4300 Essen 1
Telefon (0201) 1 83-24 30

Der Kontakter
Märkte & Medien Verlagsgesellschaft mbH
Große Elbstraße 14
W-2000 Hamburg 50

**GWA
Gesamtverband Werbeagenturen**
Friedensstraße 11
W-6000 Frankfurt am Main 1
Telefon (0 69) 25 60 08-0

**Heidelbach, Sawatzki & Partner
Werbeagentur**
Rüttenscheider Straße 137
W-4300 Essen 1
Telefon (0201) 77 30 91

**Horizont
Deutscher Fachverlag GmbH**
Mainzer Landstraße 251
Postfach 10 06 06
W-6000 Frankfurt am Main 1

**PR Magazin
für Führungskräfte i.d.
Kommunikationsbranche**
Rolandshof
W-5480 Remagen 2

**Hans-Peter Obladen
Universität Bielefeld**
Universitätsstraße 25
Postfach 10 01 31
W-4800 Bielefeld
Telefon (05 21) 1 06-00

KVR
Kronprinzenstraße 35
W-4300 Essen 1

werben & verkaufen
Europa-Fachpresse-Verlag GmbH
Thomas-Dehler-Straße 27
Postfach 20 20 29
W-8000 München 83

**ZAWA
Zentrum für die Aus- und
Fortbildung in der Wasser- und
Abfallwirtschaft NRW GmbH**
Wimberstraße 1
W-4300 Essen 18
Telefon (0201) 4 08 68-0

weitere Adressen finden Sie im:

**Adressbuch Umweltschutz
(Handbuch)**
Hrsg.: Deutsche Umweltstiftung,
Germersheim